JN408882

이승만
건국시대

문학공원 시선 178

이승만 건국시대

김제방 시집

문학공원

서시

1949년 6월 29일
서울 서대문 경교장에서 총성이 울렸다
역설적으로 죽은 자를 살려놓은 안두희지만
세상인심은 무지해 그를 살인자로 몰아
YS(김영삼) 정권시절 김구를 존경한다는
열혈시민이 몽둥이로 때려 죽였다
70대 늙은 안두희를 역사를 안다면 그래선 안 된다
역사를 모르기는 YS도 마찬가지다
'분노의 정치'를 한 그는 후퇴할 역사도 없는데
5·16혁명을 역사의 후퇴라 단정지었고
문민정부는 과거 정부를 부정하고
상해임시정부를 계승한다고 했다
상해임시정부는 초장부터
좌우이념갈등의 내분을 겪으면서
폭력집단으로 변신 정부기능을 수행하는데
실패한 조직으로 전락하고 말았다

2020년 7월

김 제 방

차례

제1장. 상해임시정부

제2장. 성은 허무러저 빈터인데

차 례

제3장. 방초만 푸르러

제4장. 세상의 허무한 것을

차 례

제5장. 말하여 주노라

제1장
상해임시정부

고종황제의 최후

1919년 1월 25일 영친왕의 결혼식을
앞두고 21일 태황제 고종이 승하했다
고종은 아들의 결혼을 파기하고 싶어
이왕직차관 구니와케를 불러다가
덕수궁 뜰이 울릴 정도로 호통을 쳤다
"파혼이오 파혼! 당장 일본 국내성에
파혼을 통고하시오!"
"파혼이라니오? 그럴 수는 없습니다!"
구니와케 역시 만만하게 물러나지 않았다
분통이 터진 고종은 잠을 못 이루고 뒤척거렸다
아들 영친왕이 일본여자와 결혼식을 올린다고 생각하니
가슴이 답답해 소리를 버럭 질렀다
입직 상궁이 들어왔다
"비상약이 있느냐?"
"약이 떨어졌사옵니다."
"그래? 식혜나 가져오도록 하여라."
식혜 한 대접을 거뜬하게 마시고도 잠이 오질 않았다

열두 살 어린 나이에 등극 70을 바라보는
태황제 고종은 아버지 대원군과 아내 명성황후의
치열한 권력싸움과 목을 조여 오는 세계열강
소신 없는 신하들에 시달려온 자신이 역겹기까지 했다

결국은 나라의 주권까지 빼앗기고
황실의 체통이 말이 아니었다고 생각하니
고종은 '후유…' 한숨을 내쉬었다
순간 갑자기 토악질을 하며 피를 토했다
고종은 손에 잡히는 대로 집어던지고 소리쳤다
"이놈들 나를 죽이려 드는구나!"
전의가 달려왔으나 심장은 멎어 있었다
의문의 죽음!
덕수궁 뜰에는 곡성이 울려 퍼졌다
국장일은 3월 3일로 정했다

3·1운동

1919년 3월 1일 아침부터
탑골공원에는 5천여명의 학생들이 모여
오포(午砲) 소리가 들리자
정재용이 독립선언서를 낭독하고
학생들은 모자를 벗어 공중에 던지고
태극기를 흔들며 일제히 독립만세를 불렀다
시위대가 공원을 나서자 군중이 합류
덕수궁 대한문 앞에 도달할 무렵에는
서울 장안이 흥분의 도가니가 되었다
고종의 빈전을 향해 세 번 절하고
시위 대열은 정동의 미국대사관으로
또 한 대열은 남산 총독부로 향하다가 충돌했다
민족대표 33인 중 29인 만이 참석한
명월관에서는 오후 2시 한용운이 선언문을 낭독하고
만세를 부른 다음 전화로 경찰에 신고 자진 체포되었다
이렇게 시작한 3·1운동은 전국적으로 확산되었다

고종의 국장

3월 3일 국장일에는 날씨가 흐린 채 비가 내렸다
폐위된 황제에 불과하다고 하여
일본인 이왕직차관은 일본식 장례를
한국의 지식인들은 한국식을 주장하였다
조선총독부는 이 일로 물의를 일으키고 싶지 않았다
두 의견을 모두 수용 일본식으로 치른 후에
다시 금곡능에서 한국식으로 치르도록 했다
일본식 국장에 참석한 사람은 70여 명
금곡능에서는 7,000명을 넘었고
거리에는 흰옷을 입은 백성들이 동대문과
종로에 인산인해를 이뤄 통곡했다
국상이 끝나고 3월 5일 한국 전역에
계엄령을 선포 일본 헌병들의 무자비한
무력진압이 시작되었다
“반항하는 자는 무차별 사살하라!”
이것이 조선총독부의 명령이었다

상해임시정부

1919년 3·1운동이 있은 후
애국지사들은 두만강을 넘어가
상해에서 임시정부를 조직하고 국호를
대한민국(大韓民國)이라고 했으니
4월 10일의 일이다
임시의정원을 구성하고
각도의 대의원 30명이 회합
임시헌장 10개조를 채택하였다
의정원장 이동녕 부의장 손정도
서기 이광수
국무총리 이승만
비서장 조소앙
내무총장 안창호
내무차장 신익희
외무총장 김규식
법무총장 이시영
재무총장 최재형
군무총장 이동휘
교통총장 문창범 등이었으나
처음부터 좌우익 대립으로 소란했다

임시정부 조직개편

1919년 6월에는 임시정부의 조직을
개편하여 대통령 이승만
국무총리 안창호로 했다가 노백린으로 교체했고
1920년 이승만이 미국에서
상해로 들어가 대통령에 취임하자
이동휘와 알력이 생겼다
대통령과 국무총리의 권한 배분을 놓고
싸우다가 결국 임시정부는 이승만을
미국 대표라는 이름으로 쫓아버리고
이동휘는 소련으로 가버렸다
그러는 가운데 각료를
내무총장 김구
법무총장 신규식
군무총장 유동설
재무총장 홍진
학무총장 조성환
외무총장 신익희 등으로 교체되었다
내분은 그치지 않았다
1922년에 신규식은 내분으로
단식 25일 만에 세상을 떠났다

조선총독의 교체

3·1운동의 참가인원은 200만을 넘었다
집회는 1,500여회 전국 218개 군 가운데
211개 군에서 시위운동이 벌어졌다
조선총독부는 비폭력적인 독립운동에
탄압을 가해 47,000여명 투옥
7,500여명이 목숨을 잃었다
부상자는 16,000여명
일본은 책임을 물어 조선총독 하세가와를 해임했다
새로 부임해온 제3대 총독은
사이토 마코토로 만면에 웃음을 띠며 일본을 떠났다
"조선백성을 완전히 제압하기 위해서는
무력보다 문화라는 이름으로
조선인들의 반항정신을 무디게 하고
무사안일에 빠지도록 한다
내가 반드시 그 과업을 성취하리라!"
1919년 9월 2일 부임하는 사이토 마코토
도착시각에 남대문역은 환영인파로 가득했다
의장대 사열을 끝내고 마차에 오르는 순간
'꽝'하고 폭탄이 터졌다
폭탄을 던진 사람은 65세의 강우규였다
중경상자 29명이 발생했으나 사이토는
군복이 찢어졌을 뿐 아무런 상처도 입지 않았다

임시정부 국무령제

1926년 9월 의정원에서
임시대통령제를 폐지하고 국무령제를 채택하여
12월에 국무위원회 주석 김구
부주석 김규식을 임명하였다

이승만과 김구

1875년 황해도 평산에서 이승만이 태어났고
1876년에 황해도 해주에서 김구가 탄생했다
이들은 한 살 차이로 황해도가 낳은 독립운동가였으나
행적은 판이하게 달라
이승만은 교육과 외교로서 나라를 찾자고 했고
김구는 폭력으로 나라를 쟁취해야 한다고 주장했다

이승만(李承晩)

이승만은 어려서 서울에 올라와
도동에서 한학을 공부하다가
1894년 20세에 배재학당에 입학해 신문학을 공부하고
배재학당에서 영어교사가 되었다
이승만은 1897년 서재필이 미국에서 돌아와
독립협회를 조직하고 독립신문을 발간하자
여기에 가담해 논설을 집필하면서
만민공동회를 개최하는 등
독립사상고취와 민중계몽에 투신했다
부패하고 무능한 정부를 비판하고
민주적자문기관인 중추원의 설치를 주장하면서
정부 측 폭력단인 황국협회와 싸우다가 체포되어
7년 간 옥고를 겪고
1904년에 출옥하였다

민영환의 주선으로
고종의 밀서를 가지고 미국에 건너가
시어도어 루스벨트 대통령을 만나
우리나라에서 일본의 세력을 몰아내는데 협력해달라고 요청하였으나
일제에 매수된 주미공사 김윤정의 방해로 뜻을 이루지 못하고

1905년 미국에 머물러 워싱턴대학에 입학하였다
1908년엔 하버드대학에서 석사학위 과정을 수료하고
프린스턴대학에서 철학박사 학위를 받았다
이승만은 한국에서 대중연설가로
많은 경험을 통해 웅변술에 능하였다
그는 공부하는 동안
한국 실정을 토로하는 강연을 170여회나 하였다
강연료로 학비와 생활비를 충당했다
이승만은 1909년 35세에 프린스턴 대학에서
총장 윌슨으로부터 직접 박사학위를 수여받은 바 있다
그후 윌슨은 미국 제28대 대통령이 되었다
졸업 후인 1910년 한일합방이 되자
그해 9월 귀국하여 이상재 등과 함께
YMCA를 중심으로 후진들을 지도하였다
1911년 105인사건 때 미국인 헤리스의 도움으로
위기를 모면하고 미국으로 가 하와이에 머물면서
교포들의 정치단체였던 한국국민회에 참여하였다
당시 안창호와 박용만이 책임자였다
교포들은 이승만을 지도자로 추대했다
그러자 안창호는 중국으로 떠나고
박용만은 견해 차이로 정적이 되었다
교육과 외교로 나라를 찾자는 이승만과
폭력으로 쟁취하자는 박용만의 주장이 맞섰던 것이다
박용만의 주장은 김구의 생각과 같은 것이었다

김구(金九)

김구는 18세 소년으로 동학에 들어가
1894년 동학봉기 때 해주동학군의 선봉이 되었다
해주 죽산장에서 총을 가지고 700여명 동학군을 지휘하여
해주를 습격하려다 실패하고
청계동의 안태훈 여소에 들어가 고능선의 가르침을 받았다
여기서 만주로 건너가 김이언의 의병에 들어가
평안북도 강계를 습격하다가 실패하고
1896년 2월 황해도 안악 치하포 주막에서
일본군 중위 츠치다를 죽이고 집에 있다가
그해 5월 체포되었다
인천감옥에 갇혀 사형언도를 받고
8월 26일 사형집행 직전 고종의 특명으로 중지되어
1898년 탈옥했다
1909년엔 안중근의 이등박문 저격사건에 관련되어
해주에서 투옥되었고
1910년 한일합방 직후 다시 나와
서울 양기택의 집에서 신민회 간부회의를 열었다
이 회의에서 남만주에 군관학교를 세우기로 결의하고
기금을 모집하던 중
안중근 사촌동생 안명근의 데라우치 총독 암살사건

에 관련되어
6년간 옥고를 치렀다
1915년에 출옥한 김구는
1919년 3·1운동 후에 상해로 망명
상해임시정부의 경무국장이 되었다

윌슨의 민족자결주의

이승만은 윌슨 미국 대통령이 주장한
'민족자결주의'에 희망을 걸고
제1차 세계대전이 끝나고 열린 파리평화회의에
한국의 자결권을 직접 제의하기 위해
국무성에 파리여행 신청을 하였다
그러나 윌슨 대통령은 열강의 세력균형을 위해
한국의 독립을 원치 않았다
만약 이승만이 파리평화회의에 가게 되면
일본의 감정을 거스를 것이란 생각으로
이승만의 파리 행을 저지했다
이승만은 자신이 다니던 대학의 총장으로
평소에도 세기의 영웅으로 존경하던 윌슨에게 실망했다
유럽으로 떠나기 전 윌슨은 끝내
이승만을 만나주지 않았다
윌슨은 파리평화회의에서도 한국문제를 거론조차하지 않았고
파리강화조약은 승전국의 식민지가 아닌
패전국의 식민지에 한해서
'민족자결주의'를 적용하기로 결정하였다
이렇듯 이승만은 독립운동 초기부터
난관에 부딪치고 있는 가운데

1919년 4월 10일 상해임시정부가 수립되었다
이승만은 대통령이 되었다
그러나 이승만은 임시정부의 의견대립으로
미국으로 건너가 있다가
임시정부 구미위원부를 설치
1933년 제네바에서 열린 국제연맹총회에 참석하여
우리나라의 독립을 호소하였으나 별 소득이 없었다
이때 마침 호텔에서 우연히 프란체스카를 만나
1934년 10월 미국에서 결혼식을 올렸다
이때 이승만의 나이는 60세였다

소련(蘇聯)

박정희 대대통령이 태어나던 1917년 10월
레닌이 이끄는 소수 볼셰비키 혁명 당원이
로마노프 왕조를 무너뜨리고 정권을 장악
세계 최초로 노동자 농민의 정권이 수립되었다
이게 러시아 10월 혁명이다
볼셰비키 혁명당은 러시아공산당으로 개칭
러시아 사회주의소비에트공화국을 수립
이로부터 소련(蘇聯)이라 하였다

고려공산당

볼셰비키혁명이 일어난 직후 1918년 1월
일크스크에서 김철훈 오하묵 등이 조직한
일크스크공산당 한인지회가 출현했다
이는 처음부터 볼셰비키당에 직결된
공산주의 조직이었다
6월에는 시베리아 민족좌우익운동으로 불리는
공산주의 운동조직으로
하바로브스크에서 이동휘 박진순 등의
한인사회당이 출현했다
이는 세칭 상해파 고려공산당으로 발전했다
이 두 집단은 서로 대립하면서 헤게모니 투쟁을 하였다
상해임시정부가 수립될 때 이동휘가 군무총장이 되어 있었다
1919년 제네바에서 열린 만국사회당 대회에
한국대표로 조소앙이 참석했다
1920년 여운형은 고려공산당에 가입하는 등
1922년 상해임시정부의 내분은 극에 달했다

청산리전투

1920년 독립군이 되겠다고 만주로
망명해가는 청년들이 늘어나고 있었다
"가자 만주로! 그곳에는 김좌진 장군이 있다"
이 기회에 김좌진은 만주에 흩어져 있는
군소부대의 독립군을 통합하였다
대부대가 편성되자 이를 지켜본 일본은
만주에서 한국독립군 육성을 지원한다는 이유로
중국정부에 항의서를 보냈다
입장이 난처해진 중국정부는 김좌진 총대장에게
독립군을 이끌고 당분간 산속으로 들어가
훗날을 기약하라고 권고했다

김좌진이 이끄는 북로군정서는 장백산으로 들어가
실력을 양성하기로 하고 여행단을 편성했다
단장에는 이범석이 임명되었다
이때 일본군은 독립군의 동태를 파악하고
북로군정서에 대한 협공작전을 전개했다
마침 함경북도에서는 일본군 21사단이 북상하고
시베리아에서 출발한 19사단이 남하하고 있었다
1920년 10월 16일 여행단을 편성해
출발 전에 일본군의 작전정보를 입수한 독립군은
선제기습공격하기로 의견일치를 보았다

총사령관 김좌진
참모장에 나중소
연대장 이범석이 되었다
18일 독립군은 청산리 백운평의 산림 속에 매복하여
일본군이 나타나기를 기다렸다
19일 일본군은 셋으로 나눠 3방향으로
청산리를 포위하였다
20일에는 일본군 기병대가 산속으로 들어섰다
매복하고 있던 독립군은 공격개시 명령을 하달하고
순식간에 일본군 500여명이 섬멸되었다
섬멸된 부대는 전위부대였다
대규모의 본대가 뒤에 있었다
그날 밤 독립군은 160리를 강행군해 포위망을 피하였다
독립군은 다시 작전계획을 세워
천수평을 공격하기로 하였다
천수평은 한국인들이 거주하는 부락으로
일본군 기병대 120명이 주둔하고 있었다
날이 밝자 독립군은 전면공격을 가했다
완전히 마비상태에 빠져
일본군의 군마와 시체가 곳곳에 나뒹굴었다
도망친 일본군은 4명이라 했다
시마다 중대장의 비밀문서에서
일본군 사단사령부가 어랑촌에 있음이 확인되었다
독립군은 즉시 달려가 전방고지를 기습 점령하고
독립군 1천여명이 일본군 1만여 명을 상대로

대대적인 전투가 시작되어 48시간 대혈전이 벌어졌다
일본군 연대장 가노오가 이 싸움에서 죽고
3천명 이상의 사상자를 낸 일본군은 퇴각
독립군의 사상자는 100여 명이었다

일본의 보복

청산리 전투에서 성공을 거둔 김좌진 장군
일본군의 보복을 피해 독립군을 이끌고
흑룡강 부근으로 이동했다
그곳에서 서로군정서를 조직하고 있던
지청천과 대한독립군단을 결성했다
1921년 다시 소련령 자유시로 이동해
거기서 흑하사변을 당했다
흑하사변은 소련령 자유시에서
대한독립군단과 레닌의 적군과의 교전으로 일어난 사건이다
대한독립군단은 레닌의 양해로 소련령에서
실력을 양성하면서 일본군에 대항하고 있었다
그런데 볼셰비키혁명 후 쇠약해진 레닌 정권은
일본과의 불화를 꺼려 일본의 요청대로
한국독립군단의 무장해제를 통고하고 공격해왔다
한국독립군은 최후의 1인까지
민족의 절의를 위해 끝까지 싸운다는 생각으로 항전했으나
결과는 전사자 272명
행방불명 250명 익사자 31명
포로 917명으로 참패였다
김좌진 등 몇 명만이 흑룡강을 건너 만주로 탈출하

였다
지청천은 소련군에 포로가 되었다
포로가 된 독립군은 일크스크 감옥에서
사형 또는 시베리아 강제노동으로 끌려가기도 했다
지청천은 상해임시정부와 애국단체의 노력으로 석방되어
1940년 임시정부 광복군 총사령관에 임명되었다

미국은 이미 한국에서 일어났던 러일전쟁 이후
일본의 호전성을 예의 주시하기 시작해
미국은 일본제국주의에 더욱 경계를 강화하고 있었다
이제 세계의 중심은 영국에서 미국으로 옮겨가고 있었다
영국은 러시아의 남하정책을 견제하기
위해 일본과 동맹을 체결한 바 있고
일본은 이 동맹을 연장하려했으나
영국은 이를 거절했다
국제적으로도 일본은 외로웠다
그때 1923년 9월 1일 정오경 관동지방에 대지진이 일어났다
삽시간에 사망과 행방불명이 10만6백명
부상자가 5만2천명 가옥파괴가 69만호에 달하는
엄청난 재난이었다
불안한 가운데 어디선가
한국인과 사회주의자들이 폭동을 일으켜
마구 불을 지른다는 소문이 나돌았다

"우물에 조선 사람들이 약을 넣어 우리를 죽이려 한다더라"

"조선놈들 그대로 두면 큰일 난다 모두 없애자"

터무니없는 소문이었다

일본의 군대 경찰 자경단은

한국인을 닥치는 대로 잡아 죽였다

삽시간에 동경 일대는 아비규환의 생지옥으로 변했다

11월 25일에 각 현(縣)에서 보고한 숫자를 종합하면

66,661명이 학살되었다고 했다

김소월의 진달래꽃

1922년 김소월의 처녀작으로 발표한
'진달래꽃'이 있다
"나보기가 역겨워
가실 때에는
말없이 고이 보내 드리우리다
영변에 약산
진달래꽃
아름 따다 가실 길에 뿌리우리다
가시는 걸음 걸음
놓인 그 꽃을
사뿐히 즈려밟고 가시옵소서
나보기가 역겨워
가실 때에는
죽어도 아니 눈물 흘리우리다"

한국에서의 근대시는 이렇게 시작돼
이 신체시를 이어받아
이광수 김여제 김억 등의 선구자들을 거쳐
1919년 주요한의 '불꽃놀이'와 함께
완전한 산문체로 쓰여진 점에서
한국의 신시(新詩)는 완전한 서구적인
근대시의 또 하나의 전환기를
맞이하게 된 것이다

아리랑고개

한국 민요의 대표곡으로
한국을 대표하는 노래로서 세계적으로
알려진 '아리랑'은 비교적 새로운 민요다
그러나 아리랑은 무엇이고
아리랑 고개는 어디 있는지
아무도 모른다
모르면서 불러대는
아리랑이 지니는 저항적인 측면은
특히 일제식민지 통치하에서 여러 가지로 표현되었다
땅을 빼앗기고 소작인으로 전락한
한국농민의 생활은 비참하였다
게다가 일본인 고리대금업자의 횡포로
빚만 늘어가고 있었으니

아리랑 아리랑 아라리요
아리랑 고개로 넘어간다
나를 버리고 가시는 님은
십리도 못가서 발병난다
청천하늘엔 별도나 많고요
이내 가슴엔 수심도 많다

살기 위해 고향을 등진 사람들이

조국의 광복 독립의 큰 뜻을 품은 애국청년들이
이국땅으로 떠나면서 민족수난을 노래로서
아리랑을 불렀다
항상 강대한 이웃나라의
부당한 침략을 받아온 울분과
비통한 역사를 간직한 우리민족
그 생활 속에서 몸에 밴 피해의식의 표출로
또는 숨 막히는 사회상황 속에서
백성들은 그 한(恨)을 술로 달랬다

사의 찬미

1926년 경성방송국이 개설되던 해에
윤심덕의 '사의 찬미'가
가요사상 최고의 인기곡으로 기록되었다

광막한 황야에 달리는 인생아
너의 가는 곳 그 어디냐
쓸쓸한 세상 험악한 고해에
너는 무엇을 차즈려 가느냐

(후렴)
눈물로 된 이 세상 나 죽으면
그만일까 행복 찾은 인생들아 너
찾는 것 설음

웃는 꽃과 우는 저 새들아
그 운명이 모도 다 갓흐니
생에 열중한 가련한 인생아
너는 칼 우에 춤추는 자로다

허영에 빠져 날뛰는 인생아
너 속혔음을 내가 아느냐
세상의 것은 너에게 허무니

너 죽은 후에 모도 다 업도다

1926년 8월 5일 동아일보는 김우진과
윤심덕의 정사사건을 크게 보도했다
"현해탄의 격랑 속에 청춘남녀의 정사
남자는 김진우 여자는 윤심덕
극작가와 음악가가 한 송이 꽃이 되어
이 세상을 버리고 끝없는 물의 나라로…"

이 염세적인 가사를 받아들이게 된
이면에는 1920년대 우리나라를 뒤덮은
암울한 사회상을 반영하는
애절함이 깃들어 있었기 때문이다

스탈린의 등장

1924년 1월 21일 레닌은 세상을 떠났다
레닌의 유해는 방부처리되어
크레믈린 붉은 광장에 안치되었다
레닌은 자신이 죽은 후에 당이 분열 될 것을 우려하였다
특히 트로츠키와 스탈린의 반목을 염두에 두고
유언장을 남겼지만
이들의 반목으로 1929년 트로츠키가 소련에서 추방되고
스탈린이 레닌의 후계자로 우뚝 서게 되면서
1929 12월 21일 스탈린의 50회 생일 축제가
전국에서 벌어지면서 그의 개인숭배가 시작되어
1953년 죽을 때까지 계속되었다

정치9단의 실력으로
한국현대사를 이끌어온 3김씨
40년 정치판의 주역이 이 무렵 탄생했다
1925년 김대중 대통령
1926년 김종필 혁명가이자 풍운아
1927년 김영삼 대통령이 태어났다

1924년 윌슨 미국 대통령 사망

1925년 중국의 손문 사망
1926년 조선총독부 청사가 경복궁에 준공되던 해에
순종황제와 다이쇼 천황이 사망해
히로히토가 등극하면서 쇼와(昭和)시대가 시작되었다

장개석의 국민당

손문 사망 후 구심점을 잃은 국민당은 내분이 발생
좌우파의 대립은 첨예화될 수밖에 없었다
이때 황포군관학교 교장 장개석은
군권을 배경으로 기반을 구축하기 시작
제2차 전당대회에서 왕조명에 다음가는 표를 얻어
중앙집행위원회에 선출되었다
이어 국민혁명군 총독에 임명되면서
군사권을 장악했다
장개석이 급부상하자 좌파들은 이를 분쇄하려 하다가
장개석의 역습으로 군대 내에서
공산당이 일소당하는 패배를 자초하였다
1926년 5월 제2회 중앙위원회에서
당무정리안을 제출
공산당의 당 중앙간부직에의 임명을 봉쇄하고
장개석은 완전한 실권을 장악하면서
1926년 6월 북벌군 총사령관이 되었다
제국주의 열강과도 타협함으로써
군벌의 세력을 흡수한 장개석은
명실공히 최고 실력자가 되어
1927년 4월 28일 남경에 국민당정부를 수립했다
1928년 7월 공산당은 무한정부를 이탈
4년간의 1차 국공합작은 끝장을 보게 됐다

1928년 9월 무한정부와 남경정부가 통일정부를 수립하면서
장개석은 국민혁명군 총사령관으로 복직과
중앙정치회의 주석에 취임하고 북벌을 재개하였다
북경을 점령한 장개석은 부하장병을 대동
북경 교외의 서산 벽운사에 안치되어 있는
손문의 영전에 북벌의 성공을 보고하였다
북벌군의 공격으로 퇴각하던 장작림은
장개석의 북벌군이 동북삼성으로 진입을 우려한
일본 다나카 내각의 음모로 봉천으로
가는 열차에서 일본군에 의해 폭사당했다
장작림의 뒤를 이어 봉천북벌군이 된 장학량이
일본군의 유혹과 협박을 무시하고
남경정부에 충성을 맹세함으로써
중국은 장개석 영도 하에 통일을 이루었다
때는 1928년 10월이다

제2장

성은 허무러저 빈터인데

페이퍼 임시정부

1919년 4월 10일
상해임시정부가 수립되었다
서류상으로
사진 한 장으로 뚝딱
그러고도 부족해 싸움질하다가
이내 깨어지고 말았다

조선총독부 청사

1926년 경복궁 앞마당에 준공된
조선총독부 청사는 역사 바로세운
김영삼 대통령이 70여년 만에 폭파시켰다
이는 역사 바로 세우기가 아니다
역사 지우기다 특히
건국을 부정하고
5·16혁명을 역사의 후퇴로
문민정부는 상해임시정부를 계승한다고도 해
역사의 무지를 과시한 측면이 있다

우남회관

광화문에 세워진 우남회관은
이승만 대통령을 기리기 위해
이 대통령의 호를 따 '우남'이라고 했다
이게 지금 세종문화회관이다
이승만은 조선 제3대왕 태종의 장남
양녕대군의 16대 손이고
부정선거로 당선된 부통령 이기붕은
둘째아들 효령대군의 후손이다
결국 세자 양녕대군을 파하고
셋째 아들 충녕대군이 제4대 세종대왕이 됐는데
우남회관마저도 세종에게 빼앗긴 셈이다
남산 꼭대기 우남정은 팔각정이 됐다
남산에 세워진
이승만 대통령 동상
이시영 부통령 동상
김구 동상 중
이승만 대통령 동상만 철거되었다

백범기념관

효창공원 안에 백범 김구기념관은
김대중 대통령의 작품이다
김영삼 통령도 김구를 존경한다고
존경하는 것은 자유다
대한민국은 온통 김구가 만들고
좌지우지하는 양 매일 외치고
기념관은 그의 휘호로 도배해놓았다
총상을 입어 떨리는 손으로 쓴
붓글씨까지도 KBS TV 진품명품에 나오면
높이 평가된다
휘호로 말하면 이승만 대통령도 수준급이지만
진품명품에 나오는 것을 보지 못했다
얄팍한 인심을 보는 듯하다

실패한 정치인

2002년 초
노무현 대통령은 용감하게 말했다
"김구는 실패한 정치인"이라고
역사를 바로 아는 대통령이구나
싶어 잔뜩 기대했는데
3일 만에 꼬리를 감추고
효창공원 백범기념관에서 국무회의를 개최하는 등
좌충우돌하면서
박정희 대대통령을 친일파로 몰아가다가
자기가 끄는 수레바퀴에 깔리고 말았다

이화장·경교장

서울 종로6가 낙산에 이화장은
8·15해방 이후 이승만 대통령이 기거하던 곳으로
대한민국 건국의 산실이다
지금은 아주 초라하다
서울 서대문에 있는 경교장은
김구 백범이 쓰던 가옥을 복원해
현대식 가구 등으로 화려하게 꾸며
유리창엔 총알 자국이 선명하다
당시의 유리는 총을 맞으면 박살이 났다

상해임시정부 청사

상해에 있는 임시정부청사는
복원이 아니라 새로 만들어 놓았다
드넓은 사무실
고가구 등 무엇 하나도
고급스럽지 않은 것이 없다
백범일지에는
경제적 곤란으로 정부의 이름을
유지할 길이 막연하고
정부의 집세가 30원
심부름꾼 월급이 20원도 안 됐지만
이것도 낼 힘이 없어 주인에게 여러
번 송사를 겪었다고 썼다
나는 임시정부 정청에서 자고 밥은
직업을 가진 동포의 집을 돌아다니면서
얻어먹어 거지 중에서도 상거지였다고 기술하였다
이렇듯 어려운 가운데
1932년 1월 김구는
이봉창으로 하여금 일본천황을 저격케 하고
4월에는 윤봉길로 하여금 상해 홍구공원에서
육군대장 시라카와 등을 폭살케 했다
이 사건으로 일본의 탄압이 심해졌다
1932년 5월 임시정부는 일본의 추격을 피해

절강성 항주로 청사를 옮겨야 했고
1937년 강소성 진강으로 다시 옮겼지만
남의 눈에 안 띄는 방 한 칸이었을 게 분명하다
그해 11월에 중국정부를 따라 중경으로 옮겨
1945년 해방이 될 때까지 8년간
장개석 밑에서 보호를 받았다
김구는 해방이 되어 귀국하고도
장덕수 여운형 살해사건 혐의로
미군정청으로부터 조사를 받은 사실이 있고
이승만 주도 남한 단독정부 수립
과정에 전혀 동참하지 못한 게 사실이다
이런 역사를 미루어 보면 우리가 가서 본
상해임시정부 청사는 역사왜곡의 표본 같다

중국인들은 자기들이 해내지 못한
안중근 의사와 윤봉길 의사의 거사에 열광하면서
김구를 옹호 임시정부청사를 복원하는데도
적극적으로 도왔을 것으로 추측된다
한국인들도 현실적인 보복으로
울분을 달랠 수 있었던 게 사실이다
그러나 그 국제적 명성은 국한적이다
폭력적이었기 때문이다
김구와 같은 시기에 독립운동을 하다가
김구보다 1년 먼저 암살당한 인도의 간디(1869-1948)는
세계적 영웅으로 추앙받고 있다

그는 비폭력 무저항주의자였다
몇 년 전에 식민국 영국 국회의상당에
간디의 동상을 건립했다
아마도 폭력적으로 독립운동을 했다면
그런 대우는 받기 어려웠을 것이다

눈물 젖은 두만강

한반도와 대륙의 경계를 흐르는
두만강은 일제식민지 지배에 희생되어
유랑의 길에 오를 수밖에 없었던 한국인들
항일독립투쟁에 뜻을 둔 애국지사들이
한을 가슴에 품은 채 건너다니던 강이다
어느 여름날 만주일대를 돌면서
순회공연을 하고 온 극단 예원좌가
두만강 유역의 한적한 여관에 투숙하고 있었다
젊은 청년 이시우는 옆방에서 들려오는
젊은 여자의 울음소리에 눈을 떴다
오열이 너무도 슬퍼서 잠을 이룰 수가 없었다
사동을 불러 사연을 알아보니
독립군에 출정한 남편을 보러왔는데
그 남편은 전사하였다는 것이다
그래서 저토록 슬피 우는 것이라고
다음날 이시우는 두만강 물결을 바라보면서
그 여성의 애달픈 심정을 떠올려보았다

"두만강 푸른 물에 노 젓는 뱃사공
흘러간 그 옛날에 내 님을 싣고
떠나간 그 배는 어디로 갔소
그리운 내 님이여 그리운 내님이여

언제나 오려나

강물도 달밤이면 목매여 우는데
님일흔 이 사람도 한숨을 지니
추억에 목매인 애달픈 하소
그리운 내 님이여 그리운 내님이여
언제나 오려나

님 가신 강언덕에 단풍이 물들고
눈물진 두만강에 밤새가 울면
떠나간 그 님이 보고 싶고나
그리운 내 님이여 그리운 내님이여
언제나 오려나"

이는 가수 김정구가 부른 노래다

주먹질 문화

해방이 되자마자 사람들은
“미국놈 믿지 말고 소련놈에 속지 말라
일본놈 일어난다”
우리나라 사람들은 희한한 말을 지어내는
재주가 있는 것 같다
8·15해방과 동시에 미군이
LST를 타고 부산항에 상륙하였다
이들이 기차를 타고 서울로 올라올 때
전봇대 같은 구척 키에
눈동자와 머리 색깔하며 어디 하나
눈설지 않은 것이 없는 그들이
서울로 올라오는 동안 철로변의 아이들은
미군들을 향해 주먹질을 하였다
왼손바닥에 오른손 주먹을 올려놓고
“옛다 0이나 먹어라!”하는 욕이다
미군은 하도 이상하여 통역에 물었다
욕인 줄 알지만 욕이라고 할 수는 없어
“당신들을 환영한다는 뜻입니다”
미군들도 서울로 올라오면서 먼저
아이들에게 주먹질을 하였다
약이 오른 아이들은 두 팔로는 부족했다
두 다리까지 치켜 올리면서 응수했다

서울에 도착한 이들은
정부고위인사를 접하는 자리에서 주먹질을 했다고 하는
서양인을 대하는 초창기이 해프닝이지만
이것도 우리가 지어낸 우스갯소리다
그런데 그 주먹질이 우리 생활 속에 깊이 파고들어
우리를 짜증나게 한다
'보수와 진보' '좌와 우' '노와 사'
'여와 야' 계층 간에도 주먹질이 난무한다

괴로운 역사

해방가의 한 구절처럼
어둡고 괴로워라 밤이 길더니
일제 36년의 역사는 참으로 괴로운 역사였다
그때만 괴로웠던 게 아니다
과거사를 정리한다고
친일명단을 발표해 소동을 벌여야 했고
위안부 소녀상 강제징용 판결 등으로
아직도 괴로워하고 있다
한 사람의 애국자를 만들기 위해
그렇게도 많은 국민들이 옥고를 치르고
숙명처럼 고통을 감수하면서
폭탄을 던지고 총을 쏘면
엉뚱한 국민에게 보복이 가해진다는 사실을 알면서도
그들을 향해 박수를 쳐야 했던 암울한 역사
우리는 아직도 그 역사 속에 매몰돼 있는지도 모른다

로마에 가면

"로마에 가면 로마인이 되어라"는 말이 있다
김구는 중국에 25년 망명생활을 하면서
중국어를 모른다
장개석이 중경으로 밀려갈 때
그를 따라간 김구
통역을 앉혀 놓고 대화를 했다고
백범일지에 쓰고 있다

코로나19 공포

2020년 3월 20일
코로나19 확산에 세계 경제가 흔들리면서
공포심에 휩싸인 투자자들이 현금 확보에 나서
주식 채권 등 돈이 되는 것은 무엇이든 팔아치우고 있다
특히 외국인들은 '골드러시' 행렬에 뛰어들면서
한국 주식시장은 1,500선 아래로 추락
원화 가치는 2009년 7월 이후 최저치로 떨어졌다
트럼프 미국 대통령은 18일
"나는 전시 대통령"이라며 민간업체에
의료 물품 생산을 명령할 수 있도록 하는
국방물자생산법을 발동하겠다고 했고
앙겔라 메르켈 독일 총리는
"사태가 심각하다 통일 이후 아니
제2차 세계대전 이후 국가가 직면한
가장 큰 도전"이라고 강조했다
영국은 20일부터 수도 런던을 봉쇄하는
방안을 준비하고 있다고 했다

희대의 기인

희대의 기인 김종인
전 더블어민주당 비상대책위원회 대표는
3월 20일 출간한 회고록
'영원한 권력은 없다'에서
"누군가 대통령이 되면 그 세력이
모든 것을 가져가는 승자독식의 정치
구조를 근본적으로 바꾸지 않으면
박근혜의 비극은 되풀이 될 것"이라며
문재인 대통령을
"주변이 좀 복잡한 사람"
"수줍은 사람"이라고 묘사하면서
"이 순간에도 재임하고 있는 대통령도
돌아가는 형편을 보면 편안하게 임기를
마칠 가능성이 극히 낮아 보인다"고 했다

이승만 대통령 하야성명

나는 해방 후 본국에 돌아와서
여러 애국애족하는 동포들과 더불어 잘 지내왔으니
이제는 세상을 떠나도 한이 없으나
나는 무엇이든지 국민이 원하는 것이 있다면
민의를 따라서 하고자 한 것이며
또 그렇게 하기를 원했던 것이다
보고를 들은 즉
우리 사랑하는 청소년 학도들을 위시해서
우리 애국애족하는 동포들이
내게 몇 가지 결심을 요구하고 있다하니
내가 아래서 말하는 바대로 할 것이며
한 가지 내가 부탁하는 것은
우리 동포들이 지금도 38선 이북에서 우리를 침입코자
공산군이 호시탐탐 기다리고 있다는 것을 명심하고
그들에게 기회를 주지 않도록
힘써 주기를 바라는 바이다

△ 국민이 원하면 대통령직을 사임하겠다
△ 3·15정부통령 선거에 많은 부정이 있었다 하니 선거를 다시 하도록 지시하였다
△ 선거로 인연한 모든 불미스러운 것을 없게 하기 위하여 이미 이기붕 의장에게 공직에서 완전히

물러나도록 하였다

△ 내가 이미 합의를 준 것이지만 만일 국민이 원한다면 내각책임제 개헌을 하겠다

(1960년 4월 26일)

이승만의 유언

이제 저의 천명이 다하여 감에
아버지께서 저에게 주셨던 사명을 감당하지 못하겠나이다
몸과 마음이 너무 늙어 버겁습니다
바라옵건데 우리 민족의 앞날에
주님의 은총과 축복이 함께 하시옵소서
우리 민족을 오직 주님께 맡기고 가겠습니다
우리 민족이 굳세게 서서
국방에서나 경제에서나
종의 멍에를 메지 않게 하여 주옵소서
(화진포 별장에 적힘)

황성옛터

1929년부터 1933년까지의
세계대공황은 일본의 공업생산을
감소시키고 실업자도 늘어났다
북해도와 동부지방에서 전에 없던 기근까지 일어나
살아갈 길이 막연한 사람들은
최후수단으로 딸까지 팔아야 하는 일이 빈번하였다
이때 일본군은 남만주를 유린하고
중국 대륙에서 직접행동을 취하기 시작할 무렵
지두환이 이끄는 순회극단은
만주일대와 신의주 평양에서의 공연을 마치고
개성에 도착했다
개성에서 공연을 마친 왕평과 전수린은
고려의 영화를 되새기며
달빛이 쏟아지는 만월대의 옛터를 찾아갔다
벌래 소리만 쓸쓸하게 들려왔다
마치 우리 민족의 삶과도 같은 느낌을 받았다
비 내리는 어느 날 여인숙에서 만월대의
밤을 회상하던 전수린은 그 생각을
바이올린에 실었고 가사는 왕평이 썼다

황성옛터에 밤이 되니 월색만 고요해
폐허의 스른 회포를 말하여주노라

아~ 가엽다 저 나그네 홀로 잠 못 일우어
구슯흔 벌레 소래에 말업시 눈물지어요

성은 허무러져 빈터인데 방초만 플으러
세상에 허무한 것을 말하여 주노라
아~ 가엽다 이 내 몸은 그 무엇 차즈랴
덧업난 꿈의 거리를 해메어 있노라

좋은 쌀은 일본에 빼앗기고 맛없는 북간도
좁쌀을 들여다가 밥을 지어 먹던 그 시대에
나온 가요가 '황성옛터'로 한국가요의 효시로
불후의 명곡 3절로 이어진다

나는 가리라 끗 업시 발길 닷는 곳
산을 넘고 물을 건너 정처가 업시도
아~험난한 이 심사를 가삼속에 품고서
이 몸은 흘러서 가노니 옛터야 잘 있거라

목포의 눈물

일본 강점기에 군산항과 목포항은
호남지방에서 생산되는 쌀과 목화를
일본으로 실어 나르는 역할을 하던 곳이다
농민들은 자신들이 농사지은 쌀조차
마음 놓고 먹을 수가 없어 좁쌀 피 옥수수
등 잡곡으로 살아야 했다
한국인에게 있어 항구란
일제에 의해 생활의 양식을 빼앗기거나
또는 토지를 빼앗기고
육친이 타향으로 유랑의 길을 떠나는
민족적 비애를 엮어내는 이별의 무대로 상징되었다
이 시대의 실상이 잘 반영되어 있는
이난영의 '목포의 눈물'은 일제에 대한
한(恨)이 집약된 저항의 노래로 불렸다

"사공의 뱃노래 가물거리며
삼학도 파도 깊이 스며드는데
부두의 새아씨 아롱젖은 옷자락
이별의 눈물이냐 목포의 설음"

제21대 국회의원 선거

2020년 3월 26일 현재
미국의 코로나19 확진자가 85,749명
으로 중국의 81,340명을 앞질렀다
전 세계 감염자는 549,381명
사망자는 24,000명을 넘어섰고
영국에서는 왕위 계승서열 1위인
찰스 왕세자에 이어 보리스 존슨
총리가 27일 확진판정을 받는 등 비상시국에
한국에서는 제21대 국회의원을 뽑는
4·15총선 후보등록이 27일 마감되었다
비례대표 후보 등록을 마친 정당은 38개였다
1945년 해방이 되고 하지 중장은
한국정당대표와 건전한 정치활동을 위해 등록을 하라고 했다
그러자 50여개의 정당단체가 등록하였다

독보적인 이승만

71세의 이승만은 33년 만에 조국 땅을 밟았다
귀국하면서 "뭉치면 살고 흩어지면 죽는다"라는
요지의 연설을 한 그에게 남한 정치지도자들이 몰려와
당수가 되어 달라고 요구했다
여운형은 이승만에게 인민공화당 지도자를 요구했고
박헌영은 공산당의 지도자를 청하기도
그러나 이승만은 이를 모두 사절하고
자기를 중심으로 한데 뭉치자고 했다

1945년 12월 15일 모스크바에서
미국·영국·소련 3국회의가 개최되었다
한국에 대하여 임시정부를 만들어
미소공동의 감독 하에 5개년 간
미국·영국·소련·중국 등 4개국의
신탁통치를 하겠다는 내용이 서울에 전해지자
모든 정파가 들고일어나 신탁통치를 반대했다
그러다가 반탁운동이 있은 지 4일 만인
1946년 1월 3일에는 시민대회를 열어
신탁통치 찬성을 외쳤다
"어제는 반탁 오늘은 친탁이라 누굴 믿으라는 말이냐"
찬탁(贊託)은 공산도배가 외쳤다
이제 국론은 반탁하는 민족진영과 찬탁하는

공산진영으로 확연하게 구분됐다

1946년 3월 20일 미소공동위원회가 결렬되고
러치 군정장관은 하지 중장에게 건의하여
남조선과도입법원을 만들었다
이때의 정치세력은
자율정부를 세우자는 이승만 계
반탁통일을 주장하는 김구 계
좌우합작의 중간 우파 김규식 계
중간좌파인 여운형 계
좌익 계 등 5개로 분리되었다
당시 남한에서 좌익세력이 꺾이고
우익적 인물로만 등장하게 된 공로는
이승만의 힘이 작용한 것으로 평가되고 있다
여기서 용기를 얻은 이승만은 단독정부를 구상하였다

이승만은 단독정부 문제를 직접 미국 국민에게 호소하고자
1946년 12월 학생 시민들의 환송을 받으면서
워싱턴으로 가서 단독선거에 반대하는
김구·김규식을 힐란하였다
그리고 중간좌파를 과도입법원에 등용케 한 하지 중장을 공격했다
특히 하지 중장이
조선공산당을 강화육성하고 있다고 공격했다

하지 중장은 독재자이며
공산주의의 도구라고까지 주장함으로써
미군정과 상반되는 자신의 입장을 정당화하려고 했다
본국으로부터 귀국독촉이 빗발치는 가운데
이승만은 워싱턴을 떠나기 전에 기자회견
석상에서 미 국무성은 조속한 시일 내에
남한에서 단독선거를 실시하는데 동의했다고
일방적으로 발표하였다

그때나 이때나

그때나 이때나
박정희 대대통령이 나라를 부자 나라로 만든 것 외에
정치가 달라진 것은 없는 것 같다
해방 당시에 50개 정당이
현재의 38개 정당으로 줄어들었으나
사회 분위기도 그때나 이때나인 것 같다

이승만의 카리스마

이승만 대통령은 건국과 반공을 통해
체제를 유지한 공로가 있다
제2차 세계대전 후 미국의
대 아시아 정책이 확실히 그려지지 못하고 있을 때
어물어물했다면 우리나라는 어떻게 되었을까
이승만 대통령에게 흔히 카리스마가 있다고 했다
카리스마란 개인적 능력의 총합으로
뭔가 보이지 않는 신비한 힘을 말한다
이승만 대통령의 카리스마는
당시 상대적으로 노령이었다는 측면과
오랜 독립투쟁경력 그리고 개인적인 능력 등이
복합적으로 형성되었던 것이다
그는 동서양의 가장 수준 높은 교양을 두루 섭취한 바탕 위에서
세계정치의 중심부인 워싱턴에서 외교를 통한 독립운동을 했다
그리고 항상 국제정치 감각을 익혀 한반도 문제를 통찰
체험적으로 공산주의 노선의 함정을 간파한 이승만 대통령이다
그런 안목과 통찰력이 해방 후 정국에서
그를 '건국의 아버지'로 받들었던 것이다

이승만이 단독정부를 강행한 배경에는
공산당의 전략과 본질을 꿰뚫어본
남다른 통찰력과 소신이 있었다
그의 경력과 소신으로 해서 엄청난
카리스마를 뿜어내는 지도자로 추대돼
이것이 해방 후의 난국에서 국가를 지탱하는
구심점이 되었던 것이다
그러나 하나님은 완전한 인간을 만들지 않았다고 했다

제3장

방초만 푸르러

대한민국엔

지금 대한민국엔 주인은 없고
객, 아니 머슴이
주인행세를 하고 있는 것은 아닐까
성은 허물어져 빈 터인데
방초만 푸르러
황성옛터 노랫가락처럼
그게 방초인지 독초인지 모르면서
주먹질만이 판을 치고 있다

광화문 광장에

광화문에
광화문 광장에
이승만 대통령
박정희 대대통령 동상이
세워지는 날
대한민국은 더 많은
축복을 받을 수 있지 않을까

두만강아

100년을 노래한 눈물 젖은 두만강
두만강 푸른 물에 노 젓는 뱃사공
흘러간 그 옛날에 내님을 싣고
떠나간 그 배는 어디로 갔소
언제까지 그 한(恨)을 간직하고
살아야 하나

그만들 하지

어리석은 중생들아
이제 작작 좀 들볶아라
볶는다고 무엇이
이 광막한 세상
광막한 황야에 달리는 인생아
너의 가는 곳 어디냐
쓸쓸한 세상 험악한 고해에
너는 무엇을 찾으려
아우성치느냐
행복도 찾아야지

우리들 마음속엔

나보기가 역겨워
가실 때에는
말없이 고이 보내 드리우리다
영변에 약산
진달래꽃
아름 따다 가실 길에 뿌리우리다
우리들 마음속엔 늘
김소월의 처녀작 진달래꽃처럼
좋은 심성을 가진
민족인데…

유령의 도시 워싱턴

벌써 3주째다
사실상 가택연금 상태처럼 갇혀버린
답답한 일상이 반복되고 있다
워싱턴의 모든 공식미팅은 모두 취소되었고
식당과 바 커피숍이 모두 문을 닫아
사람들을 만날 장소가 없다
코로나19 확산을 막기 위해
주별로 자택대피령과 통금 같은 조치들이 속속 취해지면서
수도인 워싱턴도 이미 유령도시가 됐다
3월 29일 현재 미국의 확진자는
123,781명으로 주말 사이 38,032명이 늘었고
사망자는 2,229명으로 집계되고 있다

통곡의 이탈리아

3월 29일 현재
이탈리아의 코로나19로 인한 확진자는 92,472명이고
사망자는 10,023명이다
전 세계 사망자 30,982명의 3분의1로
발병국 중 가장 많다
사망자 증가속도가 빨라
화장터가 24시간 가동되고 있지만
시신이 안치된 관들이 교회 곳곳에 쌓이고
시신을 옮기려 군병력까지 동원됐다
이탈리아에서
마지막으로 떠나는 이의 뺨을 만지고
손을 잡고 인사를 나누는 것은 매우 중요한데
그렇게 할 수 없다는 건 충격적인 일이라고 했다

망가진 국민의 삶

우리나라에서도 코로나19 와의 싸움이
3개월을 지나고 있다
정부의 투명한 정보공개 질병관리본부와
의료인의 희생 마스크5부제와 줄서기
사회적거리두기의 실천 등으로
혼란이 잦아들고 있지만
여전히 우리의 일상은 망가져 있다
점포에는 손님이 없고
직장인은 무급 휴가라도 가면
회사가 망하지 않을까 걱정하며
이가 아파도 동네에 문 연 치과가 없어
집에서 버틴다고 한다
이 와중에 21대 국회의원 선거가 보름 앞으로 다가 온다
정치의 탐욕스러운 계산이
사태해결 과정에서 어려움을 가중 하고 있는 것은 아닌지
염려스러운 게 한두 가지가 아니다

선구자

만주사변이 나던 1932년 10월
만주 모란강변에 있는
싸구려 여인숙에 유숙하고 있던 조두남에게
윤혜영이라는 청년이 찾아왔다
윤혜영은 평소 만주평원을 무대로 일제와 싸우다가
죽어간 독립투사의 혼을 위로하고
아울러 만주지역에 살고 있는 우리 동포에게
희망을 노래할 수 있어야 한다고 생각하던 차에
젊은 작곡가 조두남를 찾아간 것이다
조두남와 윤혜영 두 청년은 의기투합해
조국의 광복을 기다리며
그 희망을 잃지 않고 부를 수 있는 노래
'선구자'를 탄생시켰다

일송정 프른 솔은 늙어늙어 갔어도
한줄기 해란강은 천년 두고 흐른다
지난날 강가에서 말달리던 선구자
지금은 어느 곳에 거친 꿈이 깊었나

용두레 우물가에 밤새 소리 들릴 때
뜻깊은 용문교에 달빛 고이 비친다
이역하늘 바라보며 활을 쏘던 선구자

지금은 어느 곳에 거친 꿈이 깊었나

용주사 저녁종이 비암산에 울릴 때
사나이 굳은 마음 깊이 새겨두었네
조국을 찾겠노라 맹세하던 선구자
지금은 어느 곳에 거친 꿈이 깊었나

n번방 사건

젊은 청년 조주빈(25)이 주축이 된
텔레그램 n번방 사건은
아동 청소년 등 불특정 다수의 여성을 대상으로 한
성 착취 범죄다
경찰이 밝힌바 '밤의 전쟁'이라는 사이트가
70만명 회원수에
1일 접속 인원만 10만명
200여개의 성매매업소 광고와
성매매 후기 글 21만건
모태가 되는 사이트까지 합하면 회원수
110만 여명에 이른다
운영자들은 2,600개가 넘는 성매매
업소로부터 매월 30만~70만원을 광고비로 받아
3년간 210억원의 불법수익을 취득했다
코로나19의 공포와 함께 사회적 이슈가 되고 있다

이대론 안된다

지금 대한민국은
김구편향(金九偏向) 좌편향(左偏向) 되어 있다
한쪽으로 꼬꾸라지면 일어나지 못한다
이대론 안 된다
빨리 고쳐야 한다

선진국 대한민국은
이제 사람이나 죽이고 때려 부수는 나라가 아니다
선진국 문턱을 넘어선 자랑스러운 나라다
품위를 갖춰야 할 때다

위기는 기회다

코로나19로 인해 경제가 마비된 지금
긴급 재난지원금은 불가피한 측면이 있다
식당은 텅 비었고
가게는 주인만 덩그러니
아르바이트생은 일자리를 잃었다
요즘 국제관계 전문가들의 관심은 하나다
"코로나 이후 세계는 어떻게 바뀔까"
대역병은 국제질서를 새로 짜왔다
16세기 중남미 아즈텍·잉카제국은
스페인군이 묻혀온 천연두로 멸망했다
로마제국이 쇠퇴하기 시작한 것도
페스트·발진티푸스·천연두 같은 역병이다
코로나19가 불러온 변화도 심각할거다
전문가들의 일치된 예상은
국제사회의 리더였던 미국의 위상 추락이다
전후 미국은 막강한 국력으로
자유주의적 국제 질서를 지탱해왔지만
이번엔 제 몫을 못했다
'아메리카 퍼스트'만 노래해온 트럼프가
전혀 생각지 못했고 결론적으로 미국이란
리더는 실종된 셈이다
비정하게 들리겠지만

숱한 목숨을 앗아간 전염병은
살아남은 자들에겐 더 없는 축복이 되곤 했다
실제로 14세기
유럽인구의 30%인 1,800만 명의 목숨을 앗아간
페스트가 물러가자
생존자들은 전에 없던 호시절을 보냈다
인구가 줄면서 임금은 올랐고 가구당 토지는
늘었기 때문이다
당시 노동력을 대체하기 위해 기술이
빠르게 발전하기 시작했다
위기는 기회가 될 수 있다는 것이다

도쿄올림픽 1년 연기

국제올림픽위원회와 일본정부 도쿄도
도쿄올림픽조직위원회는 2020년 3월 30일
코로나19 사태로 연기된 도쿄올림픽이
2021년 7월 23일~8월 8일까지
개최하기로 합의했다
당초 올해 일정은
7월 24일~8월 9일까지 17일 간이었다
딱 1년 뒤로 미뤄진 것이다

제1차 석유파동

1973년 재1차 석유파동 때 산유국은 호재였지만
개도국인 우리나라는 악재였다
오일달러로 벌어들인 중동의 산유국은
건설 붐을 일으켰다
우리의 건설회사들이 중동에 진출하면서
공인회계사에게도 해외출장 길이 열렸다
불모지나 다름없는 황량한
사막의 땅 속에서 기름이 나오고
그 옛날에는
오리엔트 문화가 꽃을 피우던 이집트 문명
메소포파미아 문명의 발상지 중동 땅
중동을 드나들면서
그리스 · 로마 · 이스탄불 · 인더스문명 등을
접하게 되었고 우리의 역사와 관련이 있는
황하문명의 중국을 다녀온 것은
한참 후의 일이다
이렇게 시작한 나의 역사유영(遊泳)은
한국사로 귀착하게 되었다

아등바등

역사를 알면
사소한 감정과 욕심 따위 등
아등바등 산다는 것이 부끄럽게
느껴지기도 한다
인생은 숙명적으로 역사에 묻히게
되지만 길지 않은 인생
역사를 안다는 것은
인류역사 5천년의 경험을 할 수
있다는 건 매력적이다
배뱅이굿에 나오는 박수무당처럼
선무당의 소리에도 감동을 받는
우리가 아닌가

못살겠다 갈아보자

1956년 5월 15일 제3대 대통령 후보로
자유당의 이승만(82)
민주당의 신익희(63)
진보당의 조봉암(59)이 나왔다
부통령 후보는
자유당 이기붕(61)
민주당 장면(58)이 등록해 선거전이
시작되면서 세상은 소란했다
'못 살겠다 갈아보자'
'구관이 명관이다 갈아봤자 별 수 없다'
3월 4일 민주당은 한강인도교 밑 백사장에서
30만 명의 군중이 모인 가운데 선거연설을 하였다
우리나라에서 이렇게 많은 청중이 모인 것은
역사상 처음이다
다음 날 호남선열차를 타고 가던 신익희 후보가
이리역을 지날 때 급서해 국민들은 망연자실했다

동아일보 100년

동아일보
1920년 4월 1일 창간 100주년을 맞은 오늘
2020년 4월 1일
우리사회가 가장 시급하게 해소해야 할 문제로 꼽은
'청년일자리' '저출산' '고령화'라고 한다
나는 고령화로 짐이 되고 있다
눈 깜짝 할 사이 같은데

눈 깜박할 사이

눈 깜박할 사이
나는 엄청난 사실을 목격했다
우리나라는 1961년 5·16혁명으로
이제 세계의 중심국가가 되었다
동학란과 4·19의거를 혁명대열에 올려놓으면서
무혈혁명으로 국가발전에 지대한 기여를 한
5·16혁명을 혁명이라 말 못하는 정신적
장애를 앓고 병신이 돼가는 국민을 목격하고 있다
창간 100주년을 맞은 동아일보가
대서특필해야 할 5·16혁명이었다
그러나 외면했다
100년 간 이보다 더 위대한 일이 있었던가?

대한 애국가

샌프란시스코 한인교회에 다니던
안익태는 재미동포들이 태극기를 흔들며
스코틀랜드의 멜로디로 '애국가' 부르는 것을 보고
비록 조국을 빼앗겼지만
국가(國歌)까지 남의 나라의 멜로디를 빌려서 부른다는 것은
슬픈 일이라 생각하고 애국가 작곡에 착수 드디어
'대한 애국가'가 탄생했다
1936년 8월 베를린 올림픽대회에서
일본 대표선수로 출전한 손기정·남승용 등이 있는 스탠드를 향해
"동해물과 백두산이 마르고 달토록…"
목청을 높여 불렀다
이후 애국가는 미국의 대한국민회와 중경의
망명정부의 국가로 불리면서 오늘에 이르고 있다

제4장

세상의 허무한 것을

제2차 세계대전

1938년 2월
한국인 육군지원병 제도를 발표하고
4월 처음으로 천인침(千人針)의 수건을 차고
입영을 축하한다는 깃발을 든 행렬이 보이기 시작했다
한국인을 일본 사람으로 만들려고 했다
교육법을 고쳐
보통학교·고등보통학교·여자고등학교를
소학교·중학교·고등여학교 등 일본식으로 고치고
10월부터는 매월 1일을 '흥아봉공일'로
전쟁을 승리로 이끌자는 식을 거행하고
애국반을 조직해 인보상조하는 정신을 기르도록 하면서
한국말을 못하게 했다

중국대륙에서 일본은 침략전쟁을 하고 있었는데
원래 일본은 장개석 정부의 능력을 과소평가하고
3개월 안에 화북을 장악하고
국민당 정부를 굴복시킬 수 있다고
단기전을 대비하였다
그러나 중국은 끝까지 항전을 결의하고
미국·영국으로부터 군사원조를 받았다
이때 소련은 중국과 불가침조약을 체결
무기를 보내는 등 중국을 원조하면서

중일전쟁의 장기화를 원했다

전쟁이 장기화되자 조선총독부는
한국인에게 국민복을 입으라고 해
모두 국방색 양복에 각반을 두르고
머리는 짧게 깎았다
그리고 국민총연맹을 조직해
사무총장에 한상룡을 앉히고
'황국시민 선서'라는 것을 만들어
행사가 있을 때 제창케 했다
석유배급통제령·미곡강제매입령·목탄배급통제
담배배급·집세통제령 등을 공표하며 생필품을 억제하기 시작했다
그것도 부족해 1940년 4월까지
창씨개명(創氏改名)을 발표했다
이때 90%이상이 창씨개명했다

1939년 9월 3일 영국과 프랑스는
독일에 대해 선전포고를 하면서
제2차세계대전이 시작되었다
일본은 중일전쟁이 장기화되자 독일, 이탈리아와
3국동맹을 체결한 것을 계기로 북인도차이나에 진격
중국으로 수송되는 물자를 차단하고
남방 진격을 위한 근거지를 마련코자하였다
남방지역에 식민지를 가지고 있는 미국·영국

프랑스·네덜란드를 모두 적국으로 만드는
결과를 초래한 것이다
제2차 노고에 내각은 이를 위해 요
시다 쟁코를 해군대신에 기용하고
1941년 4월 일소중립조약 체결에 이어
과감하게 프랑스 인도차이나에 진군하자
미국은 분노했다
미국은 일본으로의 석유수출을 막기 위해
미일통상조약을 파기하고
일본과의 적대관계에 있음을 분명히 하였다
이 조치는 일본에 치명적이었다
진퇴양난에 빠진 노고에 수상은
10월 수상직을 사직하고
도죠 히데키 내각이 성립되었다
도죠내각은 미국에 마지막 카드로
“미국이 석유수출 금지를 해제하고
네덜란드령 동인도차이나에서의 석유공급이 재개될 수 있도록 할 것과
중국과의 대립은 외교적으로 해결할 수 있도록 협조한다면 인도차이나에서 철군한다”
이에 대해 미국정부는
“일본이 1931년 이전으로 돌아갈 것과
장개석 정부를 인정할 것
이를 받아들일 수 없다면
어떤 조건도 받아들일 수 없다”고 했다

그러자 일본은 1941년 12월 7일
연합함대 소속 기동대로 하와이의 진주만을 기습공격했다
미국 태평양함대는 전함 10척 파손에
3,600명의 사상자를 내는 큰 타격을 입었다
하와이에서 승리한 일본군은 동남아시아로 돌려
필리핀의 미군기지를 폭격하고
홍콩·보르네오·말레이반도로 진격했다

진주만 공격 다음날
미국의회는 일본에 대한 선전포고를 가결하고
독일·이탈리아는 일본을 돕기 위해
미국에 선전포고를 함으로써
이제 미국은 세계대전에 말려들게 되었다
일본은 이 전쟁을 대동아전쟁이라고 했다
세계는 미국·영국·프랑스·소련 등의 연합군과
독일·이탈리아·일본의 추축국으로 갈라져
앞으로 4년간 전쟁을 치러야 했다

4·15총선 시작

제2차 세계대전 동안 우리나라는
말할 수 없는 고통에 시달려야 했다
그 후유증은 아직도 끝나지 않았다
지금 우리는 코로나19로 고통을 당하면서
2020년 4월 2일 제21대 총선 전에 돌입
전쟁을 치루는 형국이다
우리뿐만 아니라 코로나19로 세계가 모두
제2차 세계대전 이후
어려움에 처해있다고 한다

원자탄 투하

미국은 1945년 8월 6일 최초의 원자탄을
일본 히로시마에 투하하였다
소련은 8월 8일 일본에 선전포고 하면서
만주를 침공하고 8월 9일에는
나가사키에 두 번째 원자탄이 투하됐다
군부에서는 최후까지 항전을 고집
육군대신과 참모본부는 미국 측 항복 요구에
'천황에 의한 지배체제를 유지한다'는
조건을 제시했으나
결국 천황은 내각에 대해 '무조건 항복'을
인정토록 하고 1945년 8월 15일 무조건
항복을 선언했다

혼돈사회

해방의 기쁨도 잠시
분단되고 사분오열의 혼돈시대에 돌입한 우리나라
실타래처럼 엉킨
악어농장처럼 험악한 이 땅에
탁월한 영도력으로 자유민주국가를 건국한
이승만 자리에 올라앉은
폭력주의 애국자 김구
오늘도 효창공원 백범기념관에서
첫째도 통일
둘째도 통일
셋째도 통일하면서
앵무새처럼 외치고 있다

빼앗긴 봄

2020년 봄을 빼앗겼다
코로나19에게 모든 것을 빼앗겼다
꽃은 피었으나 가까이 갈 수가 없다
입구를 봉쇄해 들어오지 말라고
집에 있으라고 닦달하니
식당엘 들어가도 썰렁
지하철을 타도
마스크로 입을 가린 사람들
마스크에 가려진 4·15총선 열기도 흐려져
35개 정당 투표용지가 한 발은 된다고 푸념이다
매가리 없는 선거다
이래저래 망쳐진 봄이다

대왕의 유산

코로나19 방역의 일등공신인
한국건강보험은 세계의 찬사를 받고 있다
서민들은 싼 비용으로 양질의 진료를 받고 있다
해외에서는 "돈이 없어도 한국에만 가면 산다"고 한다
낮은 수가를 견뎌내는 의사들의 희생과 헌신
그리고 많은 돈을 내는 부자의 기여가
건강보험의 원동력이다
1977년 '근로자 사회의료보험'을 도입한
사람은 박정희 대대통령이다
서강대 경제학 교수 김종인이 제안해
경제관료와 보건사회부가 반대하는 것을
밀어붙인 것이다

포퓰리즘 공약

더불어민주당 이해찬 대표가 4·15총선을 8일 앞두고
코로나19 사태 대응을 위한
긴급재난지원금 지급대상을 소득하위 70%
4인 가구 기준 100만원에서
전 국민으로 확대하겠다고 밝혔다
전날 5일 미래통합당 황교안 대표는
일주일 내로 전 국민 1인당 50만원의
긴급재난지원금 지급을 주장했다
여야가 경쟁적으로 돈 잔치를 벌인다

미국 사망자 1만 명

2020년 4월 5일 현재 코로나19
전 세계 확진자 1,287,063명 사망자
70,462명 중 미국의 확진자는 336,851명에
사망자 9,620명이다
제롬 애덤스 공중보건서비스단장은
"이번 주는 우리에게 진주만 공습과
9·11테러와 같은 순간이 될 것"이라고 해
미 본토가 직접 공격당한
1941년 12월 7일 진주만 공습 사망자 2,403명과
2001년 9·11테러 사망자 2,996명보다
훨씬 많은 희생자를 언급한 것이다

긴급사태의 일본

아베 신조 일본 총리가 4월 7일
코로나19 확산을 막기 위해 도쿄
오사카 등 7개 지역에 긴급사태를 선언했다
기한은 4월 7일부터 5월 6일까지다
아베 총리는
"외출 자제에 전면 협력을 요청한다"
"사람과 사람 간의 접촉을 70~80% 줄여 달라"고 당부했다
야당은 너무 늦었다고 비판했고
마이니치신문은
"아베정권이 그동안 경기 후퇴를 우려해
긴급사태 선언에 신중했다"고 분석했다

김종인, 우리가 이긴다

미래통합당 김종인(80) 총괄선거대책 위원장은
4월 7일 서울 종로구에서
황교안 후보가 더불어민주당 이낙연 후보를 상대로
"당연히 뒤집을 것"이라고 말했다
각종 여론조사에서
10%포인트 이상 황 후보가 지고 있는 상황인데도
확신에 찬 어조로 승리를 장담했다

취약계층 붕괴

코로나19로 인한 취약계층 붕괴가 현실화하고 있다
예금과 적금 보험을 중도에 해지하는
서민들이 늘고 있다
경향신문 사설은
코로나로 경제활동이 위축되면서
휴직 실직 폐업이 늘고
이 때문에 살길이 막막해진 사람들이
살기 위해 '생계형 해약'에 나서고 있다며
서민가계의 비명이 시작됐다고 했다

확진자 0명 북한

북한 보건성이 지금까지 코로나19
확진자가 0명이라고 WHO에 보고했다
세계 확진자가 214개국 144만 명으로
늘어난 4월 8일 현재 공식 확진자가 없는 나라는
유엔 193개 회원국 중 예멘·레소토 등 16국이며
중국과 국경을 맞댄 14개국 중엔
북한과 타지키스탄뿐이다
노동신문은
"세상에서 가장 우월한 사회주의 보건제도 덕"이라고 자랑했다
국내외 전문가들은
북한 의료수준이 크게 낙후된 데다
중국 국경지역에서 밀무역이 성행하는 점 등을 고려할 때
'코로나 청정국'이라는 주장을 믿기 어렵다고 말한다
중국인과 접촉한 접경지역 의심환자를
감염 여부조차 확인하지 않고 총살했다는 주장이
탈북민을 통해 나오고
폐렴으로 사망하면 화장 처리해
유골만 유족에게 전달한다는 것이다

4월은 잔인한 달

"4월은 잔인한 달"
영국 시인 엘리엇이 '황무지'에서
스페인독감(1918~20)으로 죽은 자들을
묻으며 맞는 4월의 슬픔을 표현한
첫 구절이다
당시 세계인구 5천만 명 이상이 죽었고
그도 부인과 함께 독감에 걸려 죽을
고비를 넘겼다고 한다
한 세기가 지난 2020년 4월 세계는
'코로나19'로 잔인한 4월을 보내고 있는
가운데 3월 개학을 연기해오다가
전국의 고3과 중3 학생들이 4월 9일
일제히 사상 첫 온라인개학을 했다
4월 15일은 제21대 총선일이다
코로나19 사태로 미국의 실업자가
3주 연속 급증해 1,670만명이 되었다
전체 근로자의 10%에 가까운 수치다

갈아엎은 봄

제주도에서는
그 몹쓸 놈의 코로나19로 관광객이
몰려오는 것을 막으려고 광활한
유채꽃밭을 갈아엎었다
전남 신안에서는 100만 송이 튜립
꽃송이를 잘라버렸다
그동안 우리는 충분히 많은 것을
가지고 흥청망청 살아온 것은 아닌가
자성하는 계기가 되었으면 한다

총선 바이러스

코로나19 사태로 얼어붙은
사회분위기에 총선 바이러스까지
여야 정치인의 저질 막말 행진과 추한
입질에 신천지교회·세월호·박사방 정권
심판·조국 수호·경제파탄·야당심판론 등
바이러스가 한데 뒤엉켜
정신이 혼미하다
강원도 춘천에선 한 농가가
학교급식이 중단돼 팔리지 않는
감자를 길에 내다 깔아놓고
"그냥 가져가세요"
절규하는 모습에 마음이 아프다

북한 미사일 도발

북한이 총선 전날인 14일 순항미사일로
추정되는 단거리 발사체 여러 발을
동해상으로 발사했다
김일성 생일을 앞두고
김정은이 강조한 군사행보의 일환으로
총선 직전의 대남 메시지로 해석된다
청와대는 이날 SNC를 개최하지 않고
별다른 반응을 보이지 않았다
문재인 정부는
북한엔 유연한 자세를 보이는 것 같다

오늘 총선일

4·15총선의 날이 밝았다
누가 1당을
과반을 차지하느냐에 따라 문재인
정부의 하반기 국정운영 방향에
적지 않은 영향을 미치게 된다
하루 전인 14일
더불어민주당은
“국난과 경제위기 극복을 위한
안정적 의석 확보”를
미래통합당은
“국정파탄 심판과 폭주 견제”를 호소
하며 공식선거운동을 마무리했다

민주당 압승

코로나 민심은 안정을 택했다
여야 지지자 결집
국정 장악력 강해진 청와대
고용대책 남북교류 속도 낼 듯
투표율 66.2% 28년 만에 최고
황교안 "모든 책임지겠다"
통합당 비대위 체제 불가피
양당 구도 굳힌 21대국회
쪼그라든 군소정당
민생당 호남서 1석도 못 건져 등
개표가 끝나기도 전에
희비가 엇갈렸다

제21대 국회

4·15총선에서 더불어민주당·시민당이
180석을 차지하면서 21대국회는
'거대 공룡' 여당이 주도하게 됐다
미래통합당·미래한국당 103석
정의당 6석
국민의당 3석
열린민주당 3석
무소속 5석 등 총 300석이다
1987년 민주화 이후
한 정당이 전체의석의 5분의3 이상을 확보한
전례가 없는 만큼
강력한 입법권을 발휘할 수 있게 된 것이다
그러나 견제와 합의 정신이 시라지고
일방적인 '독주'로 국회를 운영한다면
문재인 정부 후반기 국정은 물론
의회 정치도 성과를 기대하기 어렵다는
우려 섞인 반응이다

무거운 민심

집권여당이 180석을 차지하는
압승을 거두자 청와대에선
'막중한 책임'
'무거운 민심'을 강조하는 반응이다
코로나19와 글로벌 경제위기라는
비상시국에 국민이 문재인 대통령에게
전폭적으로 힘을 실어준 만큼
청와대의 국정 책임은 더욱 커졌고
다수 의석을 등에 업은
'오만한 청와대'라는 인상을 피하려
'겸손 모드'에 들어갔다는 해석이지만
자칫 잘못하면 자기 체중을 견디지 못하고
쓰러지는 경우를 경계해야 한다는 소리도 나온다

자업자득의 통합당

4·15총선에서 궤멸적인 참패를 당한
미래통합당은 16일 하루 종일 패닉상태였다
대부분의 당직자는 당무를 놓았고
대변인들은 논평을 내지 않았으며
당선자들도 침울한 표정을 감추지 못했다
황교안 대표는 전날 사퇴하고
최고위원 7명 중 조경태 의원을 제외한 6명이 낙선하면서
초유의 '지도부 공백 사태'까지 빚어졌다
당이 정상화되기까지는
상당한 시간이 걸릴 것으로 전망된다
광화문에 운집해 태극기·성조기나 흔들면
표가 나온다고 생각한 퇴보한 보수당의
몰골은 예견되었던 일이긴 하다

제5장
말하여 주노라

새옹지마

옛날 중국 북방 성새(城塞)에 점을 치는 노옹이 있었다
어느 날 애지중지하던 말이 호나라로 도망쳤다
이웃 사람들이 노인을 위로했다
그 노인은
"이 일이 행복이 될 지 누가 아오?"
과연 몇 달 후에 이 말은 호의 양마(良馬)를 데리고 돌아왔다
마을 사람들은 축하했다, 노인은
"이 일이 화가 될 지 누가 아오?"
말 타기를 좋아하는 아들이
말에서 떨어져 다리가 부러졌다
놀란 사람들은 노인을 위로했다
"이것이 행복이 될 지 누가 아오?
그 후 1년이 지나 호나라가 쳐들어와
모든 젊은이는 전쟁에 끌려가 거의 전사하였다
노인의 아들은 불구자로
전쟁에 끌려가지 않고 안전할 수가 있었다
이와 같이 한때의 이(利)가 장래의 해(害)가 되고
화(禍)가 복(福)이 되기도 하여
인간의 길흉화복은 예측할 수 없다고 하는 고사성어로
'인간만사 새옹지마'라는 말이 전해오고 있다
하루가 달라지게 발전하는 세상을 살아오면서

두 주먹 불끈 쥐고 앞만 보며 달려야했던 지난날은
우리에게 많은 것을 시사하고 있다
어쩌면 우리는 성새의 노옹보다
더 많은 것을 보고 듣고 했는지도 모른다
코로나19 사태로 인한 초유의 위기상황은
결과적으로 여당에 큰 힘이 됐다
당초 문 대통령 집권 4년차에 치러지는 총선이라
정권 심판론으로 여당이 어려움을 겪을 것이란 전망이 많았지만
코로나19 블랙홀은 모든 이슈를 덮었고
심판론을 잠재웠다

승패는 끝났다

21대 총선의 승자와 패자가 결정되었다
더불어민주당 180석 미래통합당 103석
정의당 6석 국민의당 3석 열린민주당 3석
무소속 5석 합계 300석이다
손학규의 민생당 0석
서청원의 친박당 0석
조원진의 우리공화당은 0석으로
이번 선거는 어느 때와 비교할 수 없이 괴상한 선거였다
코로나19 사태로 인해 선거운동이 제대로 되지 못했고
상황의 위중함 때문인지
정부의 코로나 대응이 선거 이슈를 삼켰다
정당과 정책 그리고 후보자 모두 실종됐다
이해하기도 어려운 연동형 비례대표제의
도입으로 유권자들은 최다 우편물과 최장의
투표지를 받아들어야 했다
역대 최악의 깜깜이 선거로 기록된다

김종인의 기자회견

김종인 미래통합당 총괄선대위원장은
16일 국회에서 기자회견을 열고
“국민 여러분의 지지를 얻기에 통합당의
변화가 모자랐다는 것을 인정한다”
“자세도 갖추지 못한 정당을 지지해달라고 요청한 것
매우 송구스럽게 생각한다”며 고개 숙였다
통합당의 자성과 변화 필요성을 강조하면서도
국민들이 정부 여당을 견제할 최
소한의 힘은 남겨주었다고 했다
김 위원장은
“솔직히 아쉽지만 꼭 필요한 만큼이라도
표를 주신 것에 대해서 감사를 드린다”
“아무리 부족하고 미워도 나라의 앞날을 위해
야당은 살려주셔야 한다”라고 하면서
“문재인 정부가 나라를 옳지 않은 길로 끌고 갔다고 본다”며
“전례 없는 위기를 극복하기 위해
야당의 지적과 요구에도 귀를 기울이기 바란다”고 했다

대한민국의 미래

건국과 산업화를 주도해온 보수정당은
우리 정치의 중추 역할을 해왔다
보수정당은 이번 총선의 참패로
20대 총선과 2017년 대선
그리고 2018년 지방선거에 이어
4연패를 기록하였다
20대 국회 첫해에 박근혜 대통령의 탄핵을 당하고도
3년 내내 누구 하나 진심으로 반성하며
물러난 사람 없이 친박 비박 분열을 거듭하면서
당권투쟁을 일삼아
'도무지 희망이 없는 당' 이미지를 고착시킨 것도 모자라
탄핵 선봉에 섰던 유승민의
통합당 선거 지원유세를 하며 알짱거리는 모습에
보수층은 실망하였다
문제 지금부터다
평생 경제현장을 접해본 일이 없는
좌파이론가들이 만들어낸 정책을 밀어붙여
실물경제를 파탄으로 내몬 문재인 정권이
총선 압승을 자축하는 것으로 그친다면
대한민국의 미래는 불투명하다는 분석이다

주류 교체

4·15총선은 현실 정치의 주류 교체다
보수세력에서 진보세력으로
보수인 미래통합당이 몰락하고
진보인 더불어민주당이 승리하는 선거
마스크를 쓴 채 비닐장갑을 끼고 투표장에 들어선 순간
다수의 중도 표심은
코로나 난국에 대한 정부의 일사불란한 대응과
칭찬 일색의 국제적 평판을 의식할 수밖에 없었다
아이러니하게도 칭찬받는 의료시스템은
박정희 대대통령이 만든 자산의 총합이다
난세에 영웅이 난다고 했다
이 시대가 박정희 영웅에 이어
과연 새로운 영웅을 탄생시킬 수 있을지
지켜볼 일이다

신주류의 숙제

주류(主流)가 된 진보세력
반기업(反企業)정서가 넘쳐나는 이들 진보세력이
1929년 세계대공황 이래 최대의 위기를
어떻게 극복하느냐가 문제다
국민의 대다수는 이념과 세대를 뛰어넘어
일자리를 원하고 있다
'잘사는 것'이 우선이다
따라서 코로나19 사태 이후의 위기를
어떻게 슬기롭게 넘기느냐 하는 것이
신주류의 과제랄 수가 있다

열린우리당 학습효과

2003년 창당한 열린우리당
이번 선거에서 의석 180석을 확보한
민주당이 가장 아픈 기억 중 하나가
2004년 노무현 대통령 탄핵사태 속에서
이른바 '탄돌이'로 불렸던 의원들이 대거 당선되면서
과반의석인 152석을 차지했다

그러나
△ 국가보안법 폐지 △ 사립학교법 개정안
△ 언론개혁법안 △ 과거사 진상규명법안 등
4대개혁 입법을 밀어붙이는 과정에서 여야 갈등이 폭발
정부여당의 지지율이 급락해
노무현 정부는 개혁동력을 상실했다
2007년 대선을 앞두고 열린우리당은 해체되었다

민주당의 한 수도권 중진 의원은
"지금 당에 조국 수호대를 자처하는 사람도 있고
윤석열 검찰총장까지 내치자는 그런 목소리가 있는데
21대 국회에서 더욱 커질까봐 걱정"
"중요한 건 경제문제다 코로나 수습부터 해야 하고
코로나 이후 경제 구조가 바뀌는 것에 대해서
준비해야 한다"라고 강조했다

청와대도 '제2의 열린우리당'이 돼서는
안 된다는 분위기다
"2002년 대선을 이기고 2004년 총선을 이겼다가
암흑기 10년을 맞았는데
이번에도 똑같을 수 있다"며
"지금 청와대와 당에 열린우리당 출신 인사가 많고
다들 그때의 기억이 강렬하기 때문에
과오를 되풀이 하지 않을 것"이라고 말했다
여당 지도부가 일제히 낮은 자세를 취한 것도
과거의 잘못을 반복해서는 아니 된다는 취지에서다

세월호 6년상

4·15총선 다음날이 세월호 참사
6주년이다 압승으로 끝난 더불어민주당
국회의원들은 너도나도 가슴에 노란
리본을 달고 세월호 6년상(喪)을 치르고 있다
광해군을 내쫓은 인조의 계비 장열왕후
조씨가 효종이 승하하자
조씨의 복상문제로
3년상과 1년상을 놓고 갈등을 벌이다가
효종이 장남이 아니라는 이유로
송시열 등의 1년설이 채택되었다
그 후유증으로
서인의 송시열은 옷을 벗고 낙향했고
남인의 윤선도는 귀양을 가게 되었다
탐관오리들은 사리사욕에 여념이 없고
해마다 보리고개로 죽어가는 백성들은
안중에도 없는데 듣도 보도 못한
메뚜기떼가 기승을 부리며
지쳐 쓰러진 사람의 살까지 뜯어먹는 등
사회는 극히 혼란스러웠다
각 고을에서 올라온 장계를 받아든 현종은
백성들이 가여워 울고 있었다

효종비 장대비가 승하자 장열왕후가
며느리 장대비의 복상을
1년과 9개월을 놓고
다시 예론이 다시 불거져 대결하다가
결국 남인과 서인의 대결은 극에 달해
숙종조에 이르러 장희빈 사건을 거치면서
서인의 거장 송시열과 많은 신하가 죽임을 당하고
일단락되기는 하였으나 나라는 쑥대밭이 되었다
이런 트라우마가 있는 우리의 역사
세월호 6년 상을 예사롭게 볼 수 없게 만든다
6년 상으로 끝날 것 같지도 않고
문재인 대통령 임기 5년 내내 지속될 것 같은 예감이 든다
언제까지 세월호에 매몰되어 있을 것인가
21대 총선에서도 압승했으니
대승적 차원에서 국민 전체를 걱정하는
대통령이기를 바라는 마음 간절하다

4·19혁명 60주년

수유리 4·19묘지 60주년기념식에
문재인 대통령 부부가 참석
4·19단체와 10·15부마항쟁 대표
5·18광주민주화운동 대표도 참석했다
'나라다운 나라'를 만든 5·16혁명 세력은
근처에도 가지 못했다
총선 압승 후 동작동 현충원을 찾은
더불어민주당 이해찬 대표는 방명록에
'나라다운 나라'라는 글을 남겼다고 한다
5·16혁명 덕에 호의호식하고
이번 코로나19 사태도 잘 대처해
국제사회로부터 호평을 받으면서
5·16을 깔아뭉개는 게 나라다운 나라인가
1960년 대학교 3학년 때 참여한 정통
4·19세대인 내가 생각해도 이건 아니다

통합(統合)

문재인 대통령은 4·19혁명 60주년 기념사에서
“정부는 통합된 국민의 힘으로
‘포스트 코로나’의 새로운 일상
새로운 세계의 질서를 준비하겠다”고 밝혔다
이날 기념사는 총선 승리 이후
문재인 대통령의 첫 공개 연설이다
‘슈퍼여당’의 출현으로 인한 일방적인 국정운영에 대한
우려의 목소리도 나오는 상황에서
문 대통령이 직접 나서서 ‘통합’에 방점을 찍은 셈이다
그 통합이 어떤 통합인지는 몰라도 가장
시급한 것은 역사의 통합이다
우리 역사는 갈기갈기 찢겨져 있다
어디가 앞이고 어디가 뒤인지 모를 만큼
상처를 입고 있다
건국과 산업화 세력을 독재자라는 코너에 몰아넣고
세계에서 가장 악질 독재국가 북한에
손을 내미는 형국에 통합을 말하는 것은
위선일 수밖에 없을 것이다
지금이 난도질당한 한국 현대사를
복원할 수 있는 적기라고 생각한다
문재인 대통령은 이 좋은 기회를 놓치지 않았으면
한다

지금 대한민국은 어른이 없는 나라
조상도 없고 형제도 없는 쌍놈의 나라
은공도 모르고 배신만이 활개 치는 나라가 되어가고 있다
누구 덕에 코로나19 사태를 잘 극복할 수 있었으며
트럼프 미국 대통령으로부터
축하인사를 받을 수 있었다고 생각하는가
이에 대한 반성이 그게 바로 통합일 것이다

사회적 거리두기

정부는 4월 19일 종료 예정이던 사회적 거리두기를
5월 5일까지 연장하는 대신 강도를 완화시켰다
학원·종교·체육·유흥시설 등에 내려진
운영 중단 권고가 해제된다
국립공원 등 일부 공공시설은 다시 문을 열고
프로야구 등 실외 스포츠도 곧 무관중으로 시작된다
최근 코로나19 신규 확진자는 계속 줄어
19일 0시 기준 8명 늘어나 발생 61일 만에
한 자릿수 증가다
19일 현재 확진자 10,661명 사망자 236명이다
초·중·고교의 등교 개학 예상 시기를 밝히진 않았지만
5월부터 단계별로 시작하는 방안을 검토 중이다
한편 미국의 확진자 76만명 사망자 4만명이고
전 세계 확진자는 240만명 사망자 16만명으로 집계되고 있다

세상이 바뀌었다

초거대 여당이 된 더불어민주당과
위성비례정당인 더불어시민당
열린민주당에서 오만한 발언이 잇따르고 있다
특히 '조국사태' 관련자와
파고인 신분으로 재판 중인 인사들의
윤석열 검찰총장 사퇴 압박은 도를 넘고 있다
"세상이 바뀌었다는 것을 확실히 느끼도록 갚아주겠다"
진중권 전 동양대 교수는
"완장 차고 설치는 꼴이 가관"이라고 말해
마치 70년 전 6·25 때 인민군이 처내려오자
'우리세상 왔다'고 완장 차고
죽창 휘두르던 광경이 눈에 선하다

꽁꽁 언 세계경제

국제 유가가 코로나19에 따른 경기 침체와
공급과잉 탓에 사상 처음으로 마이너스로 떨어졌다
파는 사람이 도리어 웃돈을 얹어줘야 하는
웃지 못 할 상황이 발생한 것이다
산업활동 둔화에 따른
전 세계적 석유 수요 감소가 초래한 현상이다
4월 20일 미국 뉴욕상업거래소에서 마감된
5월분 인도분 미국 서부텍사스산 원유 선물은
배럴당 -37.63$에 거래를 마쳤다
재고가 넘쳐 원유를 보관할 곳을 찾기조차 힘든 상황이다
정유시설 저장시설 파이프라인 심지어
바다 위의 유조선도 원유로 가득 차 있다고 했다
그렇다고 생산을 수도꼭지 잠그듯 할 수도 없다는데

김정은 중태설

김정은(36) 북한 국무위원장이 최근
수술을 받고 중태에 빠졌다는 '건강 이상설'이
미국 CNN의 보도를 통해
한반도 정세가 출렁이고 있다
할아버지 김일성의 생일인 4·15태양절
행사에 참석하지 않으면서
건강 이상설이 불거졌다
특히 심장병 가족력과 흡연 음주 폭식 등으로
체중 130kg에 통풍 발목낭종
당뇨 고혈압 고지혈증 심혈관질환
복부비만 등으로 인한 병이라는 것이다
한두 번 속은 것도 아닌데
웬 호들갑들인지 모르겠다

북한의 침묵

김정은 신변 이상설이 확산되면서
주요국들이 떠들썩했지만
정작 북한매체들은 직접적인 반응을 보이지 않고 있는 가운데
노동신문은 1면 논설에서
“우리가 아직 남보다 뒤떨어진 것도 있고
어려움을 겪고 있는 것도 사실”이라고
이례적으로 ‘힘든 상황’임을 밝혀
김 위원장 이상설과 관련해
내부 단속에 나선 것이 아니냐는 관측도 조심스레 제기됐다
더 나아가 김 위원장 사망 시 수백만명의 기아가 발생하고
주민들이 중국으로 탈북하는 등
인도주의적 위기가 발생할 것으로 예상하고
미국은 중국이 북한에 개입해
상황을 관리할 가능성을 높게 보고
비상계획을 수립했다고 폭스뉴스가 전해지는 이 비상상황에
김연철 통일부장관은 4월 21일 코로나19가 완화되면
개별 관광을 추진할 수 있다”며
“개성과 금강산이 그 후보지”라고 했다

박근혜 정부의 세월호 참사조사 방해 의혹을 수사 중인 검찰은

기획재정부와 행안부 인사혁신처를 압수 수색했고

전두환 대통령이 5·18민주화운동을 왜곡하기 위해

정부가 비밀리에 조직한 '80위원회'에

직접 관여했음을 보여주는 당시 청와대 문건이

처음 확인됐다고도 했고

정부는 코로나19 사태로 위기에 처한

기간산업과 소상공인을 구하고 일자리를 지키기 위해

약 90조원을 추가로 투입하고

또 새로운 일자리를 만들기 위해

'한국판뉴딜'을 적극 추진하겠다고 밝혔다

정부는 22일 청와대에서 문재인 대통령 주재로

제5차 비상경제회의를 열고

'일자리 위기 극복을 위한 고용·기업안정대책'을 발표했다

미친놈들

오거돈 부산시장(72)은
4월초 오전 11시 40분경 업무시간에
수행비서를 통해 7층 집무실로
20대 계약직 여성을 호출해
컴퓨터를 가르쳐달라고 하면서 성추행을 했다
피해여성은 이를 부산성폭력상담소에 신고한 뒤
오 시장 측에 "4월 안에 공개 사과하고 시장직을 사퇴하라"고 요구했다
오 시장은 이를 수용하고
4·15총선이 끝난 뒤 절차를 진행하자고 제안했다
피해여성도 이를 받아들여
법무법인에서 사실관계를 공증까지 받고
4월 23일 기자회견을 하고 사퇴했다
시국이 하수상하다 했더니
별 미친놈이 다있네

빌 게이츠의 예언

프랑스의 사회학자 에드가 모랭(98)은
2012년 인류가 직면한 가장 시급한 위협은
핵무기가 아니라 강한 파괴력을 갖고 있는
바이러스라고 경고했던 빌 게이츠의 충고를 외면한 것은
세계화가 야기한 채산성에의 집착 때문이라고 진단했다
마이트로소프트 창업자 빌게이츠(65)는 TED강연에서
"앞으로 인류의 위협은
미사일이 아니라 미생물이일 것"이라며
이에 대한 대비책을 촉구한바 있다
그는 2000년 '빌앤드멀린다 게이츠재단'을 설립한 직후부터
세계백신면역연합(GAVI)에 큰돈을 기부했다
2017년 전염병대비혁신연합(CEPI)을 출범시켰다
최근 TED의 코로나19특집방송에 나와
해박한 지식을 자랑하면서
빌 게이츠는 1단계 저지선인 진단검사에서
'한국의 성과'를 최고로 평가하면서
이에 실패한 미국 정부는
2단계 저지선인 거리두기를 늦추면 안 된다고 주장했다

통상, 나라가 위기에 처하면
지도자에 대한 지지도는 높아진다
코로나19 발생 이후 트럼프를 제외한
거의 모든 주요 국가에서 벌어지는 현상이다
빌 게이츠가 말한 진단검사
'한국의 성과'는 어디에서 나왔을까
적폐청산에 목매인 문재인 정부의 업적이라고 말할 수 있을까
문재인 대통령은 작년 10월에
1979년 10·26사태를 유발한
10월 15일 부마항쟁을 국가기념일로 정하고
김재규 사진을 그가 근무한 부대에 내걸도록 한 것은
40년만의 일이다
국가원수 시해범을 의인(義人)으로 기리자는
발상이 천인공노(天人共怒)할 일이다

김정렴 비서실장

성장기틀 다진 박정희 경제 총참모장
김정렴 박정희기념관사업회장이 4월 25일 향년 96세로 별세했다
박정희 대대통령 재임기간의 절반에 달하는
9년 3개월 동안 역대 최장수 대통령비서실장으로
고인은 회고록에서
"각하 저는 경제나 좀 알지 정치는 모릅니다
비서실장만은 적임이 아닙니다"라고 했지만
박 대대통령은 "경제야말로 국정의 기본이고
경제가 잘 돼야 정치 국방도 튼튼하게 할 수 있다"고 말했다고 기록했다
JP는 생전 고인에 대해
"대통령의 신임이 두터워
차지철과 김재규가 함부로 대하지 못했다"고도 했다
고인은 박정희 정부의 수출입국·공업화정책 수립에 깊숙이 관여했고
한국경제성장의 발판이 된 중화학공업·방위산업육성계획과 실행을 주도했다
새마을운동·경부고속도로건설·부가가치세도입·한국과학기술연구원 건설 등도
고인의 손을 거쳤다

무릎 꿇은 전두환 동상

2020년 4월 27일 광주지방법원
5·18 헬기사격재판에 출석한
전두환 전 대통령 목에 밧줄로 옭아맨 동상이
철창 안에 무릎 꿇고 앉아
시민들이 때리는 뿅망치로 무정하게 두들겨 맞았다
100년 전 나라를 빼앗기고
우리는 황성옛터를 노래했다

"성은 허무러져 빈터인데 방초만 풀으러
세상의 허무한 것을 말하여 주노라
아~ 가엽다 이 내 몸은 그 무엇 차즈랴
덧업난 꿈의 거리를 헤매어 있노라"

이 노래는 망국의 슬픔을 뼈저리게
느끼던 1920년대의 노래다
우리는 아직도 덧없는 세상을 살고 있는가
인간 말세의 행위예술을 보는 것 같아
모골이 송연하다

불확실한 미래

북바라기 문재인 대통령은
4월 27일 판문점선언 2주년을 맞아
"코로나19 위기가 남북협력의 새로운 기회일 수 있다
지금으로선 가장 시급하고 절신한 과제"라며
"여건이 좋아지길 마냥 기다릴 수 없다"고 말했다
김정은 북국무위원장 건강 이상설이
좀처럼 가라앉지 않고 있는 가운데 내놓은 대북 메시지로
집권 후반기 독자적 남북 협력 사업 드라이브를 본격화하겠다는 뜻을 밝힌 것이다
"나와 김 위원장 사이의 신뢰와
평화에 대한 확고한 의지를 바탕으로
평화경제의 미래를 열어 나가겠다"고도 했다
정부는 이날 동해북부선 재추진 기념식을 갖고
약 2조8,520억 원을 들여
강릉~제진 110.9km 철도를 연결한다고 공식화했다

김정은 북한 국무위원장이
19일째 공식석상에 모습을 드러내지 않으면서
갖은 억측과 풍문이 난무하고 있다
'김정은 사망' 뉴스에 후계구도까지 전망하고 있다
김여정이냐 김평일이냐

4월 29일 38명이 숨지고 10여명이 다친
경기 이천시 물류센터 대형화재 참사는
예고된 것이나 다름없었다는 비판이 쏟아지는 가운데
코로나19 확산세가 꺾이고
사회적 거리 두기가 완화되자
황금연휴 첫날인 4월 30일
시민들은 밖으로 밖으로…
영동고속도로는 극심한 정체를 빚었고
전국 명소 곳곳이 인파로 북적거렸다

코로나19 확진자가 쏟아진 대구시가
방역대응을 자화자찬하다가
시민단체들로부터 거센 비판을 받고 있다
전국 확진자 1만765명의 64%인 6,852명
확진자를 낸 대구시가 그럴 수 있느냐는 것이다
김정은이도 잠적 20일 만인 5월 2일 나타나
다음날 북한군이 중부전선 DMJ에서 한국군
GP에 고사총으로 총격을 가해 왔다
우리는 총기 고장으로
대응사격도 제대로 못했다는 비난에 휩싸여 있다

황금연휴가 끝나는 5월 6일부터
코로나19 방역체계가 '생활속 거리두기'로 바뀐다
3월 22일부터 강력한 '사회적 거리두기'를 시행한지
45일 만이다

‘생활속 거리두기’는 경제·사회활동을 영위하면서
감염 예방과 균형을 찾는 장기적이고
지속적인 방역체계다

김정은의 ‘건강 이상설’을 제기한
태영호 지성호 미래통합당 당선인이 사과했다
더불어민주당은 둘을 향한 날 선 비판을 이어갔고
무소속 홍준표 당선인은
“대북 정보를 장악하고 있는 문재인 정권도 당황했고
미국도 갈팡질하지 않았던가”라며
“암흑세계에서 일어나는 일에 대해
상식적인 추론을 했다는 것을 이유로
이를 매도하는 것은 잘못된 것”이라고 말했다

무너지는 지역경제

코로나19 직격탄을 맞은 대구경북
불 꺼진 공장 퇴직금 주려면 폐업뿐
비상경영해보지만 앞날 안보여
전국 취업자 감소 19만5천명 중
대구지역에서만 9만명이 줄었단다

5월 5일 어린이날 올해 프로야구는
코로나19로 38일 늦게 열렸다
이날 경기는 무관중으로 진행돼
관중은 없어도 국내외의 뜨거운 관심이 집중됐다
미국 최대 스포츠 전문 매체인 ESPN은
대구에서 열린 NC-삼성전을
미국 전역에 사상 처음으로 생중계했다
국내 최다 코로나19 확진자가 발생해 사투를 벌였던
대구는 전 세계에 한국 야구를 알리는 무대가 되었다

위기극복(危機克服)의 대한한국
코로나19 바이러스에 맞선 한국의 방역에
대한 해외의 찬사가 넘치고 있다
안토니우스 구테흐스 UN사무총장은 한국을
"세계의 많은 국가가 따라야할

매우 성공적인 두드러진 본보기"라고 칭송했고
한국인들도 국민적 자부심과
국력 상승을 체감하게 되었다
한국의 위기극복은 뚜렷한 특성이 있다
6·25전쟁으로 국가 존망과 위기 때는
냉전초기 자유진영에선 유일하게
세계적 공산 침략을 방어한 자유수호의 세계
최소국가로 칭송받았다
막대한 희생을 통해
한국은 자유세계의 일원으로 확고하게 자리 잡았고
이후 최빈국으로서 냉전대결과 오일쇼크를 거치면서
수출진흥·중화학공업·새마을운동·에너지절약·경제개방을 통해
한 세대 안에 중진국으로 올라섰다
1998년 외환위기 때는 초유의 DJP연립정부 수립과
구조조정 금모으기 운동으로
IMF의 구제금융을 조기에 상환했다
한국인들에게 세계는 늘 위기와 도전
가능과 도약의 무대였다
이번 코로나19 방역성공의 경우
체계적인 의료·방역시스템과 공공보험 체제
높은 IT기술 수준 의료인들의 전문성과 헌신
그리고 시민들의 적극협조가
어우러진 종합 대응의 산물로 평가받는다

이재용 대국민사과

“저는 제 아이에게 회사 경영권을
물려주지 않을 것입니다”
이재용 삼성전자 부회장이 5월 6일
‘대국민사과문’을 발표하였다
“대한민국 국격에 어울리는
새로운 삼성을 만들겠다”고도 했다
그는 “오늘의 삼성은 글로벌 일류 기업으로 성장했다
국민의 사랑과 관심 덕분”
“기술과 제품은 일류라는 평가를 받지만
삼성을 바라보는 시선은 여전히 따갑다
시대의 변화에 둔감했다
저의 잘못으로 사과 드린다”며
단상으로 나와 고개 숙였다
이 부회장이 직접 대국민 사과에 나선 것은
3월 10일 삼성준법감시위원회가

△ 경영의 승계
△ 노조 와해 논란
△ 준법감시위 활동·재판논란 등과 관련해
　이 부회장의 사과를 권고했다.

한국경제의 버팀목인 삼성그룹 총수의
대국민사과가 이 비상시국에 옳은 것인지는
생각해볼 일이다
돈다발의 위력과 위협
이번 총선 결과 여러 가지를 보여주었다
그 가운데 하나가 돈 풀기의 위력이었다
코로나19는 정치·경제·사회 이슈를 모두
빨아들인 블랙홀이었다
마지막에 튀어나와 선거판을 흔든 이슈는
긴급재난지원금 하나였다

수요집회

일본군 위안부 피해자인
이용수 할머니(92)가 5월 7일
위안부 관련 단체에 이용만 당했다면서
"수요시위에 이상 참여하지 않겠다"고 밝혔다
수요시위는 위안부문제 해결을 촉구하기 위해
1992년 6월부터 비가 오나 눈이 오나
매주 수요일 주한일본 대사관 앞에서 열리는 행사를
한국정신대문제대책협의회(정대협)가 이끌고 있다
이용수 할머니는 대구에서 기자회견을 열고
"위안부 관련 단체들의 운영이
투명하게 이뤄지지 않고 있다"면서
정대협 등 위안부 관련단체를 비판했다
할머니는 "성금이 모이면 할머니들에게 써야하는데
그런 적이 없다"며
"학생들 고생시키고 교육도 제대로 안 되는
수요시위를 없애야 한다
다음 주부터 나도 수요시위에 참석하지 않겠다"고 밝혔다

전 세계 취약계층 덮친 코로나19

코로나19 확산 속에서
세계 양극화 문제가 더 심각해지고 있다
우선 각국 사망자와 감염자의 상당수가
유색인종·저소득층·고령자·외국인노동자 등
취약계층이다
이들은 실직·주거난 등
코로나19에 따른 경제적 타격도
다른 계층에 비해 심하게 받고 있다
이 와중에 부유층은 바다 위 호화요트
최첨단 지하벙커 외딴 섬 등에서
안락한 도피 생활을 즐기고 있다고 한다

이태원 쇼크 코로나19

서울 이태원 클럽에서 시작된 코로나19
확진자가 빠르게 늘고 있다
안정을 찾아가던 코로나19가
다시 확산될 위기에 놓였다
5월 10일 오후 11시 기준
이태원 클럽발 코로나19 확진자는 72명
5월 6일 20대 남성 1명에서 시작해
나흘 만에 71명이 추가로 확진됐는데
59명은 이태원 클럽과 주점 5곳을 직접 방문했고
나머지는 가족 직장 동료 등이다
황금연휴 때 이용객 5,517명 중
1,982명은 연락도 안 된다
서울시·경기도·인천시는 클럽 유흥시설에 대한
집합금지명령을 내린데 이어
고3 중3 학생의 등교를 13일에서
20일로 1주 연기했다

인간의 시간이 멈추자
지구의 시간이 시작됐다
지구가 오랜만에 생기를 찾았다
250년 만의 일이다
공장 연기와 사람 이동이 멈췄다

전쟁과 지역분쟁 화염이 걷혔다
소말리아 해적과 이라크 쾌속정이 하릴없이 설쳐댔을 뿐
세계 수천만 병력과 병기가 특별 휴가를 즐겼다
전쟁 없는 시간을 가져봤던가?
나비와 곤충이 찾아들었다
미세먼지도 멀리 가버렸다
아침 새 울음소리가 반가웠다
방안에서 내다본 올 봄의 신록은 유난히 싱그러웠다
모두 코로나 덕분이라고
중앙일보 송호근 칼럼은 말하고 있다

문재인 대통령은
취임 3주년인 5월 10일 특별연설에서
“지금의 경제위기는 100년전 대공황과 비교되고 있다”며
“우리 경제가 입는 피해도 실로 막대해
그야말로 경제 전시상황”이라고 말했다
문 대통령은 경제 위기 극복 대책으로
‘한국판 뉴딜’을 국가 프로젝트로 추진하고
고용안전망을 확충하기 위해 전 국민
고용보험제도의 기초를 놓겠다고 했다
임기 4년차에 들어서는 문재인 대통령은
이례적으로 높은 71%의 지지를 받고 있지만
경제정책 평가는 불과 1%였다

코로나로 밉상 된 중국

시진핑 국가주석은 '마스크'외교 등 의료물품 지원으로
코로나19 타격을 입은 국가들의 마음을 사고
'아메리카 퍼스트'를 주장하는 트럼프 미국 대통령과의
차별화를 시도하는 등 글로벌 리더를 노렸다
하지만 중국이 코로나19 발원지임에도
"우리도 피해자"라며 책임을 피하고
미국과 코로나19 기원 공방을 벌이면서
의료 원조에 대한 칭찬을 강요하는 등
생색을 내다가 역풍을 맞고 있다
유럽 내 반중(反中)정서는 심각한 수준이라고 한다

오늘은 5·16혁명 59주년이 되는 날이다
1961년 5월 16일 3시 20분
박정희(45) 육군소장과 김종필(36) 육군중령 등
육군장교 250여명과 사병3500여명의 혁명군이
한강 도하작전을 시작해 곧바로
중앙청과 중앙방송국 등 서울의 주요거점을 점령
혁명을 깔끔하게 성공시켰다
이어서 혁명세력은 부패하고 무능한
정치를 혁신하여 나라를 새롭고 역동적으로
이끌어 선진국 대열에 올려놓아

지금 우리는 칭찬받으며 잘살고 있다
그토록 알권리를 주장하는 신문과 TV 등
언론매체들은 쥐죽은 듯 조용하기만 하니
벌써 잊었단 말인가
역사를 기억하지 못하면 미래가 없다고 했는데…
더군다나 세계에 자랑할 만한
우리의 역사를?

이 도서의 국립중앙도서관 출판예정도서목록(CIP)은 서지정보유통지원시스템 홈페이지(http://seoji.nl.go.kr)와 국가자료종합목록 구축시스템(http://kolis-net.nl.go.kr)에서 이용하실 수 있습니다. (CIP제어번호 : CIP2020028194)

김제방 시집

이승만 건국시대

초판인쇄일 2020년 7월 08일
초판발행일 2020년 7월 15일

지은이 : 김제방
발행인 : 김순진
편집장 : 전하라
디자인 : 김초롱
펴낸곳 : 스토리 문학
등 록 : 2004년 3월 9일 제6-706호
주 소 : 우편번호 03382 서울 은평구 통일로 633
녹번오피스텔 501호 스토리문학사
전 화 : 02-2234-1666
팩 스 : 02-2236-1666
홈페이지 : http://cafe.daum.net/yob51
이메일 : 4615562@hanmail.net

※ 책값은 뒤표지에 있습니다.